Direitos humanos e Relações Internacionais

Análise de Política Externa • Haroldo Ramanzini Júnior e Rogério de Souza Farias
Direitos humanos e Relações Internacionais • Isabela Garbin
Economia política global • Niels Soendergaard
Organizações e instituições internacionais • Ana Flávia Barros-Platiau e Niels Soendergaard
Teoria das Relações Internacionais • Feliciano de Sá Guimarães

Proibida a reprodução total ou parcial em qualquer mídia
sem a autorização escrita da editora.
Os infratores estão sujeitos às penas da lei.

A Editora não é responsável pelo conteúdo deste livro.
A Autora conhece os fatos narrados, pelos quais é responsável,
assim como se responsabiliza pelos juízos emitidos.

Consulte nosso catálogo completo e últimos lançamentos em **www.editoracontexto.com.br**.

Direitos humanos e Relações Internacionais

Isabela Garbin

Coordenador da coleção
Antônio Carlos Lessa

editora**contexto**

Copyright © 2021 da Autora

Todos os direitos desta edição reservados à
Editora Contexto (Editora Pinsky Ltda.)

Montagem de capa e diagramação
Gustavo S. Vilas Boas

Preparação de textos
Lilian Aquino

Revisão
Bia Mendes

Dados Internacionais de Catalogação na Publicação (CIP)

Garbin, Isabela
 Direitos humanos e Relações Internacionais / Isabela Garbin. –
São Paulo : Contexto, 2021.
 160 p. (Coleção Relações Internacionais /
coordenador Antônio Carlos Lessa)

Bibliografia.
ISBN 978-65-5541-138-6

1. Relações Internacionais 2. Direitos humanos 3. Direitos
humanos – Proteção internacional I. Título II. Lessa, Antônio
Carlos III. Série

21-3520 CDD 327

Angélica Ilacqua CRB-8/7057

Índice para catálogo sistemático:
1. Relações internacionais

2021

Editora Contexto
Diretor editorial: *Jaime Pinsky*

Rua Dr. José Elias, 520 – Alto da Lapa
05083-030 – São Paulo – SP
pabx: (11) 3832 5838
contexto@editoracontexto.com.br
www.editoracontexto.com.br

Sumário

INTRODUÇÃO 7

O QUE É A PROTEÇÃO INTERNACIONAL
DOS DIREITOS HUMANOS? 13
    Significado e conteúdo da proteção internacional
    dos direitos humanos 14
    Domínios da proteção internacional dos direitos humanos 18
    Características distintivas da proteção internacional
    dos direitos humanos 24
    As Relações Internacionais e a proteção internacional
    dos direitos humanos 29

QUAL A ORIGEM DA PROTEÇÃO INTERNACIONAL
DOS DIREITOS HUMANOS? 39
    História dos direitos humanos e Relações Internacionais 40
    Linhas históricas de desenvolvimento internacional
    dos direitos humanos 43
    Principais controvérsias históricas sobre
    os direitos humanos na política internacional 60

COMO SE ESTRUTURA A PROTEÇÃO INTERNACIONAL
DOS DIREITOS HUMANOS? 65
    Sistemas internacionais de direitos humanos 66
    Regimes internacionais de direitos humanos 88
    Governança global em direitos humanos 91

QUAIS AS PRINCIPAIS DINÂMICAS
DE DIREITOS HUMANOS NA POLÍTICA INTERNACIONAL? 95
    Principais dinâmicas de direitos humanos na política internacional 96
    Dinâmicas da política externa em direitos humanos 98
    Dinâmicas de monitoramento internacional dos direitos humanos 101
    Dinâmicas de responsabilização por abusos de direitos humanos 104
    Dinâmicas transnacionais de ativismo em direitos humanos 110

QUANDO A PROTEÇÃO INTERNACIONAL
DOS DIREITOS HUMANOS É EFICAZ? 115
    Enigmas dos direitos humanos na política internacional 116
    Impactos das normas internacionais de direitos humanos 120
    Efetividade da proteção internacional dos direitos humanos 129

QUADRO-RESUMO DA PROTEÇÃO INTERNACIONAL
DOS DIREITOS HUMANOS 139

LISTA DE DIREITOS HUMANOS
PROTEGIDOS PELO DIREITO INTERNACIONAL 141

CRONOLOGIA DOS PRINCIPAIS
EVENTOS INTERNACIONAIS DE DIREITOS HUMANOS 143

SUGESTÕES DE LEITURA 151

BIBLIOGRAFIA 157

A AUTORA 159

Introdução

Apresentamos o primeiro manual de Relações Internacionais e direitos humanos publicado no país, livro que convida o leitor a aproximar-se, a partir das lentes próprias da área, de um tema disputado entre diversos campos de conhecimento. Ao oferecer um panorama conceitual e analítico sobre os direitos humanos na política internacional, o livro examina como as dinâmicas globais em torno da proteção aos direitos humanos provocaram profundas transformações nas relações internacionais, com impacto significativo sobre a vida das pessoas ao redor do mundo.

Proteger os valores humanos é uma das formas de promover uma coexistência mais pacífica, próspera e plena da humanidade. Nesse sentido, o caminho seguro para encontrar meios de diminuir violências, injustiças e sofrimentos humanos ao redor do globo é estudar, aprender e educar-se em direitos humanos. Nas Relações Internacionais, as soluções (técnicas, legais, políticas, econômicas e sociais) para as questões de direitos humanos costumam ser pensadas, principalmente, dentro da esfera das instituições públicas. São as organizações internacionais, os governos, as entidades subnacionais, as burocracias e as instituições educacionais os atores-chave para promover a cooperação internacional, aplicar medidas, adotar e revisar normas, reformular políticas e processos e promover uma cultura de direitos humanos. Mas não apenas.

A realização de direitos humanos também perpassa a esfera das atividades privadas. Do lado das instituições sem fins lucrativos, não há dúvida de que os principais empreendedores das causas de direitos humanos são as organizações não governamentais, as organizações da sociedade civil, as fundações, os sindicatos, os movimentos sociais e os intelectuais. São esses atores que patrocinam essas causas, além de registrar e denunciar abusos de direitos humanos praticados por governos ou grupos privados, como guerrilhas, grupos rebeldes, milícias e esquadrões da morte.

Ocorre que, gradativamente, os direitos humanos têm avançado sobre a esfera das instituições privadas constituídas para fins lucrativos, como as corporações multinacionais, bancos comerciais, agências de investimentos, empresas de segurança privada, setor de comunicações, mídia e entretenimento, consultorias e instituições educacionais particulares. Por exemplo, as consultorias e o universo corporativo, em geral, precisam cada vez mais considerar nas análises de gestão e de risco aqueles "pequenos" eventos, posições "minoritárias" ou mobilizações aparentemente isoladas que rapidamente acabam desembocando em profundas transformações nas percepções, preferências e valores sociais, como visto nas manifestações da Primavera Árabe, dos movimentos *Fridays for Future*, *#Metoo* e *Black Lives Matter*, e mais recentemente nos diversos casos de "cancelamento" digital de pessoas, produtos e empresas.

As intensas mudanças pelas quais o mundo tem passado em um curto período histórico evidenciam que às instituições públicas e privadas já não cabe apenas o "lugar-comum" de respeitar os direitos humanos. Muito além disso, esses espaços, quando ativados para promoção de causas sociais, podem ser altamente beneficiados pela realização dos direitos humanos. Estudos comportamentais têm alertado, já há algum tempo, que a promoção da diversidade é uma das formas comprovadamente eficaz para melhorar argumentos, ideias, políticas, processos de tomada de decisão e produtos. Isso porque, quando visões distintas são nutridas ou acolhidas e quando se promove maior representatividade de grupos minoritários, as instituições se tornam mais capazes de agregar novas informações (muitas vezes críticas para obtenção de bons resultados), promover aprendizado mútuo e produzir soluções criativas. Os líderes do futuro já captaram essa ideia.

As inovações tecnológicas, em particular, ao dissiparem as fronteiras entre público e privado, têm fortalecido a inevitabilidade da agência humana em situações novas, complexas e ainda não completamente processadas sob a perspectiva dos direitos humanos. Os comportamentos humanos na experimentação de novas tecnologias levantam questões fundamentais sobre liberdade, democracia e autodeterminação das pessoas. Por exemplo, o uso inadvertido das redes sociais tem estimulado, progressivamente, a formação de "bolhas" sociais ou comunidades fechadas, onde a circulação de informações é previamente filtrada com base em preferências definidas por algoritmos engenhosamente desenhados para "personalizar" experiências. Essa fragmentação da comunicação e intensificação da polarização entre grupos gera dificuldades à construção de soluções para os problemas sociais, trazendo consequências catastróficas para a vida das pessoas e para a humanidade, como a paralisia diante da necessidade de controle de surtos e pandemias, a incapacidade em prover soluções ambientais e engajar atores a favor da agenda climática, entre outros imperativos globais de máxima urgência. É justamente nesses casos que a fluência na linguagem dos direitos humanos se reveste de importância, como recurso para transitar com segurança por entre novas veredas.

Por muito tempo, estudantes e profissionais das Relações Internacionais encontraram obstáculos para acessar conhecimentos acerca da política internacional dos direitos humanos. Por essa razão, muitos buscaram respaldo nos manuais do Direito para aprender sobre o tema. Apesar de, seguramente, terem encontrado obras relevantes, cuidadosamente elaboradas e, em muitos pontos, esclarecedoras, nem sempre essas fontes se mostram as mais adequadas para a formação acadêmica e profissional em Relações Internacionais, pelo menos, por duas razões.

Primeiro, porque Relações Internacionais e Direito, naturalmente, privilegiam focos diferentes. Os manuais de Direito Internacional dos direitos humanos se concentram no aspecto jurídico-normativo dos direitos humanos, isto é, nos processos internacionais de legalização e judicialização dos direitos humanos, o que circunscreve o foco dessas análises principalmente à edição e à interpretação dos tratados internacionais de direitos humanos. De outro lado, nas Relações Internacionais, a atenção volta-se, adicionalmente, para o aspecto político-social dos direitos humanos, ou seja, para os múltiplos processos de construção e realização dos direitos humanos. Desse modo, enquanto manuais de Direito Internacional dos direitos humanos exploram conteúdos e efeitos jurídicos dos tratados internacionais de direitos humanos, estudantes e profissionais de Relações Internacionais têm interesse, também, pela construção de influência normativa sobre o comportamento dos atores na política internacional. Da mesma forma, enquanto os manuais do Direito focam na expansão qualitativa da jurisprudência internacional ou na capacidade de as cortes interpretarem normas fundacionais de direitos humanos às necessidades atuais, discentes de Relações Internacionais demandam apoio didático para pensar estratégias de mobilização política, social e judicial nas dinâmicas globais de direitos humanos, tendo em conta a possibilidade de atuação profissional no campo.

Segundo, porque os conceitos e abordagens particulares do Direito podem não encontrar correspondência nas Relações Internacionais e vice-versa. Vejamos as implicações de possíveis desencontros. Em um reconhecido Manual de Direito Internacional de Direitos Humanos, o autor indica que os direitos humanos se fundamentam a partir de "uma lógica dupla: a lógica da supremacia do indivíduo [...] e a *lógica realista*, da busca da convivência e cooperação pacífica entre os povos, capaz de ser encontrada através do diálogo na proteção dos direitos humanos" (Ramos, 2019). Nesse excerto, o emprego do termo "lógica realista" remete o estudante de Relações Internacionais às abordagens realistas típicas da sua área, as quais delineiam uma visão de mundo antagônica ao descrito pelo jurista no excerto anterior. O mesmo ocorre com conceitos já relativamente superados nas Relações Internacionais, mas que continuam sendo mobilizados por outras áreas de conhecimentos para explicar a realização dos direitos humanos, como, por exemplo, "Estados desenvolvidos" e "subdesenvolvidos" e sua versão mais antiga, "primeiro mundo" e "terceiro mundo". Essas categorias, além de não refletirem a política internacional contemporânea, não se encaixam na definição de quem "cria e exige" *versus* quem "consente e obedece" às normas internacionais de direitos humanos. Observam-se, nas relações internacionais, Estados "desenvolvidos" que não ratificam tratados de direitos humanos ou que são condenados por violações sistemáticas de direitos humanos; assim como Estados "subdesenvolvidos" que desempenham papéis de destaque na construção normativa e na participação ativa junto aos mecanismos internacionais de direitos humanos.

Em que pesem essas considerações distintivas, Relações Internacionais e Direito não configuram áreas de conhecimento inconciliáveis. O enigma do por que os Estados aderem e cumprem normas internacionais de direitos humanos se tornou um dos mais debatidos em ambas as áreas e na perspectiva interdisciplinar, em que se observam esforços crescentes de aprendizado mútuo. Contudo, a conciliação de conceitos e debates entre Relações Internacionais e Direito é complexa, em especial para aqueles que estão formando as suas bases de conhecimento em um dos campos. Há mais de dez anos pesquisando na área, ministrando disciplinas sobre o tema e em diálogo frequente com professores e colegas profissionais de ambas as áreas, temos a percepção comum quanto à necessidade de amparar o estudante em formação em Relações Internacionais, considerando o conjunto das diretrizes que definem a área no Brasil.

Certamente, ao adotar este Manual de Relações Internacionais e direitos humanos, o leitor é livre – e encorajado – a selecionar os capítulos de interesse, na ordem que melhor se ajuste aos seus planos de estudo ou consulta. Dito isso, é apropriado explicar brevemente a lógica de organização do livro. O título de cada capítulo, redigido em formato de indagação, remete aos principais conceitos e debates no tema da política internacional dos direitos humanos. O que é a proteção internacional dos direitos humanos? Qual a origem da proteção internacional dos direitos humanos? Como se estrutura a proteção internacional dos direitos humanos? Quais as principais dinâmicas de direitos humanos na política internacional? Quando a proteção internacional dos direitos humanos é eficaz? Essa organização procura dar conta da abrangência e da especificidade dos estudos das Relações Internacionais sobre os direitos humanos, ciente quanto às escolhas e àquilo que ficou de fora da obra, dada a proposta do livro.

Esperamos que a leitura deste manual de *Relações Internacionais e direitos humanos* contribua para instigar o leitor à reflexão sobre a potencialidade que as dinâmicas globais em direitos humanos apresentam para transformar realidades e experiências marcadas por injustiças e sofrimento humano ao redor do globo. Que este livro possa, ainda, apontar caminhos para aprofundar o conhecimento no assunto e encorajar profissionais a atuar no campo.

O que é a proteção internacional dos direitos humanos?

A ideia de proteção internacional aos direitos humanos, que correspondem ao conjunto de direitos de cada indivíduo, promoveu objetivos complexos para as Relações Internacionais. A proteção internacional dos direitos humanos é formada por um conjunto de normas, estruturas e dinâmicas internacionais. As particularidades das normas internacionais sobre o tema estabeleceram uma lógica própria e provocaram transformações nas relações internacionais. As abordagens das Relações Internacionais oferecem entendimentos diversos acerca da emergência e do desenvolvimento da proteção internacional dos direitos humanos.

SIGNIFICADO E CONTEÚDO DA PROTEÇÃO INTERNACIONAL DOS DIREITOS HUMANOS

Os direitos humanos correspondem ao conjunto de direitos que cada indivíduo possui por ser humano. São direitos cujo processo de construção tem como horizonte garantir que toda pessoa seja capaz de viver uma vida digna e livre de abusos, fruindo de liberdade e recebendo amparo para desenvolver todas as suas potencialidades enquanto ser humano. Os direitos humanos, portanto, colocam como objetivo assegurar condições de vida decentes para todas as pessoas, incluindo as necessidades de segurança pessoal, de subsistência material, as liberdades individuais, a não discriminação e o reconhecimento social.

Os direitos humanos encontram-se ligados à noção de humanidade, uma ideia em constante evolução na história do pensamento. Humanidade não se confunde com a mera existência de seres humanos habitando o planeta Terra. Diz respeito, sobretudo, à expansão da consciência de que pessoas e sociedades, em todos os lugares ao redor do globo, encontram-se invariavelmente conectadas, formando uma comunidade humana. À medida que a consciência de humanidade gradualmente se amplia, a dignidade e os valores humanos são alçados a valores centrais para as mais diversas relações sociais. Nas relações internacionais, a proteção dos valores humanos visa promover a coexistência pacífica, próspera e plena da humanidade.

A elaboração do conceito de humanidade percorreu longa trajetória intelectual até se consolidar em normas que organizam as relações sociais. Isso significa dizer que os direitos humanos surgem como uma ideia moral, articulada por pensadores e proponentes de reformas sociais que ansiavam por melhorias na forma como as pessoas tratam umas às outras e na forma como as pessoas são tratadas pelos seus governos. Passaram-se séculos desde os primeiros desenvolvimentos filosóficos nesse âmbito até que os direitos humanos fossem convertidos em documentos oficiais. Primeiro, na esfera dos Estados, a formalização dos direitos humanos em normas legais estabeleceu o dever de Estados protegerem a vida e demais direitos dos cidadãos. Mais tarde, no plano internacional, a codificação dos direitos humanos em normas legais internacionais afirmou a responsabilidade da *sociedade internacional* de proteger os *direitos de todos*.

A ideia de proteger os direitos humanos a partir do plano internacional promoveu inovações no Direito Internacional e colocou objetivos arrojados para as relações internacionais. O Direito Internacional tradicionalmente se concentrou em regular as relações que ocorrem *entre* Estados; enquanto a organização da vida social e a relação das pessoas com seus governos permaneceram a cargo do direito *interno* nos Estados. Nesse sentido, desde sua formação, cada Estado-nação corresponde a uma unidade e autoridade soberana para promover o ordenamento das relações sociais e os parâmetros das relações de governo com indivíduos e grupos em seu território.

Ocorre que inúmeros episódios trágicos na história da humanidade (como guerras, genocídios e experiências de governos totalitários) aguçaram a percepção da comunidade internacional quanto aos abusos e denegações de direitos humanos, mesmo em contextos domésticos onde havia proteção formal aos direitos humanos. O desenvolvimento de normas internacionais para proteção dos direitos humanos ampliou o alcance do Direito Internacional, originalmente desenhado para regular as relações que ocorrem *fora* dos Estados para abranger as relações que ocorrem *dentro* de territórios e governos.

Uma das principais inovações que a proteção internacional dos direitos humanos promoveu nas relações internacionais foi romper com o paradigma da autoridade estatal exclusiva sobre os direitos humanos. Na lógica de proteção exclusivamente doméstica dos direitos humanos, os Estados constituem a única autoridade competente para decidir se e em que medida os direitos humanos são protegidos. A proteção internacional dos direitos humanos determina aos Estados a observação de um rol extensivo de direitos, aplicáveis a todos os indivíduos e grupos em seu território, independentemente do reconhecimento de vínculos formais com o Estado ou da amplitude da proteção doméstica oferecida aos direitos humanos. Além disso, ao reconhecer que indivíduos e grupos possuem legitimidade para reclamar seus direitos diretamente na esfera internacional, a proteção internacional de direitos humanos inaugura a possibilidade de observância e de escrutínio internacional das práticas estatais nessa área.

A proteção internacional dos direitos humanos coloca objetivos arrojados para as Relações Internacionais ao promover salvaguarda a uma multiplicidade de direitos, como forma de combater injustiças e minimizar o sofrimento humano ao redor do globo. As causas e condições desse sofrimento têm como pano de fundo problemas estruturais e recorrentes, como conflitos, desigualdades, surtos de doenças, discriminações, intolerância, extermínios de povos, entre outros, sendo que os padrões frequentes de violações de direitos humanos frequentemente encontram-se vinculados a causas de natureza política (tipo de regime político e ameaças a regimes, guerras, movimentos separatistas e terrorismo); econômica (nível de desenvolvimento, desigualdades); e cultural (padrões de ódio e vingança entre comunidades, ideologias desumanizantes, predisposição à violência).

Os desenvolvimentos internacionais para proteger os direitos humanos culminaram no que se denomina "proteção internacional dos direitos humanos", cujo conceito se define pelo conjunto de normas, estruturas e dinâmicas internacionais que visam promover a coexistência pacífica, próspera e plena da humanidade ao redor do mundo. Logo, a proteção internacional dos direitos humanos pode ser compreendida a partir do conteúdo normativo, isto é, pelas normas; a partir do conteúdo institucional, isto é, pelas estruturas; e a partir do conteúdo prático, isto é, pelas dinâmicas políticas e sociais que impulsionam a proteção internacional de direitos humanos. A compreensão dessas três dimensões é imprescindível para que estudantes e profissionais possam analisar fenômenos, traçar estratégias e construir cenários no campo dos direitos humanos.

No que diz respeito ao conteúdo normativo, a proteção internacional dos direitos humanos dispõe de um repertório vasto e altamente especializado. O conjunto dos direitos humanos protegidos na esfera internacional reúne normas que salvaguardam categorias de direitos (direitos de dignidade, direitos de liberdade, direitos de igualdade e direitos de solidariedade), normas que versam sobre temas específicos (discriminações, tortura) e normas de proteção a grupos vulneráveis (mulheres, idosos, crianças, pessoas com deficiência). Uma característica comum às normas internacionais de direitos humanos é a proteção de valores por meio de princípios. A natureza principiológica das normas internacionais de direitos humanos confere generalidade e abstração para que uma ampla gama de situações e circunstâncias políticas e sociais seja recoberta pela proteção internacional dos direitos humanos.

Quanto ao aspecto formal das normas internacionais, a proteção internacional dos direitos humanos conta com diversas espécies normativas e formas de desenvolvimento. Os tratados e convenções internacionais veiculam, de forma escrita e oficial, princípios e normas internacionais de proteção internacional dos direitos humanos. Enquanto os princípios são mandamentos de otimização de um determinado valor socialmente protegido, as normas constituem direitos e deveres com determinações de comportamento. Os tratados internacionais podem assumir diversas denominações (como declarações, convenções, cartas, pactos, protocolos, programas de ação), conforme os efeitos jurídicos que pretendem produzir (declarar ou estender direitos, vincular partes a compromissos). É por essa razão que a proteção internacional de direitos humanos conta com instrumentos normativos de nomenclatura tão diversificada. As normas internacionais que se encontram expressas nos tratados e convenções mundiais podem passar por sucessivos processos de expansão, conforme novas interpretações (jurisprudência), estudos (doutrina) e costumes de uma determinada época.

A proteção internacional dos direitos humanos se materializa nas instituições e nos mecanismos globais constituídos para nortear a realização dos compromissos internacionais desses direitos. Esses elementos estruturais de proteção derivam das próprias normas internacionais, que preveem a criação de organizações, órgãos, agências, mecanismos e procedimentos para que os direitos humanos sejam colocados em prática. Por exemplo, as principais convenções mundiais de direitos humanos preveem, em suas disposições normativas, o estabelecimento de comitês para monitorar a situação desses direitos nos Estados.

Por fim, o objetivo de proteger os direitos humanos no plano internacional se operacionaliza a partir das dinâmicas que se desenvolvem em torno das normas e instituições internacionais. As dinâmicas internacionais de direitos humanos correspondem às interações entre atores para promover objetivos de direitos humanos na política internacional, como, por exemplo, monitorar a situação de direitos humanos no mundo ou responsabilizar Estados ou agentes estatais pelas violações praticadas. Diversos atores, governamentais e não governamentais, são legitimados pelo Direito Internacional para ativar a proteção internacional dos direitos humanos em ações e processos que transcorrem simultaneamente em múltiplos níveis (local, nacional, regional e internacional). Alguns atores possuem reconhecida influência nas dinâmicas internacionais, como os Estados, as organizações internacionais e as organizações não governamentais. Contudo, cada vez mais, outros atores (como corporações multinacionais, *big techs* e comunidades epistêmicas) têm se aproximado do campo dos direitos humanos, conforme as discussões transbordam para outros espaços, não necessariamente criados para o debate específico em direitos humanos, como os fóruns mundiais sobre economia, meio ambiente e saúde global.

DOMÍNIOS DA PROTEÇÃO INTERNACIONAL DOS DIREITOS HUMANOS

A expressão "proteção internacional dos direitos humanos", já mencionada, remete a todas as normas, estruturas e dinâmicas que têm origem ou encontram fundamento no plano internacional. O gradual reconhecimento da importância da proteção dos valores humanos para assegurar relações pacíficas, prósperas e plenas na comunidade internacional ensejou, ao longo do tempo, o desenvolvimento de normas e estruturas institucionais para fazer frente aos mais variados tipos de sofrimento humano e injustiças experimentados ao redor do globo. A contínua expansão da proteção internacional dos direitos humanos resultou em um aparato protetivo vasto e complexo.

A frequente referência aos termos "direitos humanos" e "direito humanitário" para se referir aos esforços de proteção a indivíduos e grupos indica que a proteção internacional dos direitos humanos configurou, ao longo do tempo, domínios especializados. A especialização da proteção internacional dos direitos humanos em domínios reservados representa um avanço organizacional para sistematizar respostas a sofrimentos humanos recorrentes, mas que configuram problemas distintos, caracterizados por necessidades específicas e que demandam ações diferentes. A organização da proteção internacional de direitos humanos em domínios especializados se mostra útil para fins de clareza analítica quanto à identificação de casos, organização do aparato normativo, localização de grupos vulneráveis, delimitação de problemas, proposição de ações práticas e adequação da atuação profissional no campo.

Direitos humanos e direito humanitário correspondem aos principais domínios da proteção internacional dos direitos humanos. De modo geral, o domínio do direito humanitário remete à proteção humana em momentos de guerra, ao passo que o domínio dos direitos humanos abrange todos os demais aspectos da proteção humana em tempos de paz. A configuração desses domínios se correlaciona à trajetória de afirmação internacional de direitos. De acordo com a história do Direito Internacional, primeiro consagraram-se normas internacionais para proteção de indivíduos e grupos em circunstância de beligerância (formulando o ramo do Direito Internacional Humanitário) e, posteriormente, à medida que se ampliava a consciência de que o sofrimento humano extrapolava os tempos e circunstâncias de guerra, consagraram-se normas internacionais para proteção humana como um todo (inaugurando o ramo do Direito Internacional dos Direitos Humanos).

A projeção de quadros internacionais envolvendo fenômenos sociais complexos tem colocado desafios aos domínios especializados da proteção internacional aos indivíduos e grupos. A intensificação do fluxo global de pessoas e o aumento do número de refugiados ilustram tais fenômenos transfronteiriços complexos, que envolvem fatos sociais multiconectados e demandam convergência e justaposição de práticas entre os terrenos do direito humanitário e dos direitos humanos. Quando indivíduos e/ou grupos chegam aos campos de refugiados, buscam amparo para as suas necessidades básicas de sobrevivência. As expectativas iniciais são de que tal situação de desamparo humanitário seja excepcional e transitória, enquanto persistirem as causas que ensejaram o deslocamento. Contudo, em diversos casos observados atualmente, os campos de refugiados têm se tornado experiências de vida prolongadas ou até mesmo permanentes. Ao perdurar por anos e, talvez por gerações, as necessidades humanitárias iniciais logo se transformam em demandas de direitos humanos. Diante de realidades intrincadas, que sentido faz segregar respostas internacionais entre esforços humanitários ou direitos humanos se a complexidade da condição impõe a realização simultânea de ambas as necessidades?

Os problemas globais complexos, que resultam da intersecção de diversas injustiças e sofrimentos humanos, sugerem reconsiderações quanto aos tradicionais domínios do direito humanitário e dos direitos humanos. A escassez de parâmetros para lidar com casos que ficam à margem das normas internacionais e das dificuldades práticas para prover soluções eficazes em situações complexas tem levado estudiosos a desenvolver a ideia de um novo domínio, o direito da humanidade. O direito da humanidade corresponde a um domínio da proteção internacional dos direitos humanos em fase de elaboração intelectual, sendo seus pressupostos encontrados em obras como *Humanity's Law*, de Ruti Teitel (2013). No direito da humanidade, o conjunto mais amplo de normas e discursos éticos relacionados à humanidade orientam os esforços de proteção normativa e os repertórios de ação técnica e política para fazer frente às consequências humanas decorrentes de fenômenos globais complexos. Apesar de ainda em construção, o domínio do direito da humanidade não se coloca no plano puramente aspiracional. Parte da literatura sugere que essa transformação esteja em curso, indicando como evidência os esforços de responsabilização internacional de indivíduos que praticaram crimes contra a humanidade e a intensificação de iniciativas de conscientização quanto aos deveres individuais para com o meio ambiente, a saúde global e a democracia.

Veremos o delineamento de alguns parâmetros comparativos entre os domínios dos direitos humanos, do direito humanitário e do direito da humanidade no Quadro 1 a seguir, que favorece uma visão analítica clara quanto aos contornos que a proteção internacional dos direitos humanos pode assumir diante de diferentes problemas com interface nos direitos de indivíduos, grupos e da humanidade como um todo. Os contornos dos domínios da proteção internacional dos direitos humanos foram sistematizados por Michael Barnett, em artigo publicado no periódico *International Theory*, em 2018, sobre o qual apoia-se a exposição e descrição a seguir.

Quadro 1 – Domínios da Proteção Internacional dos Direitos Humanos

Domínios	Direito Humanitário	Direitos Humanos	Direito da Humanidade
Casos Típicos	Desastres naturais Guerras civis	Discriminações Tortura	Pandemias globais Migração climática
Problema	Necessidades básicas	Direitos e garantias	Sofrimento humano
Objetivo	Salvar vidas	Combater injustiças	Garantir sobrevivência humana
Linguagem	Ética	Legal	Ética e legal
Fundamento	Empatia	Dever	Responsabilidade
Ação	Técnica e apolítica	Institucional e política	Em rede e política
Narrativa	Precariedade	Progresso	Transformação

Fonte: Elaborado pela autora, com base em Barnett (2018), Teitel (2011) e Sikkink (2020).

Os domínios da proteção internacional dos direitos humanos se organizam pelo tipo de problema que pretendem resolver e objetivos que buscam alcançar. O direito humanitário tradicionalmente se volta às ameaças iminentes à vida, oriundas de situações extraordinárias que afetam o suprimento das necessidades básicas de populações em massa, tais como desastres naturais, guerras civis e surtos de fome. Os direitos humanos, por sua vez, lidam com violação ou denegação de direitos que acabam por comprometer a capacidade de vida e desenvolvimento humano pleno e livre de abusos, como a tortura e as discriminações em geral. O direito da humanidade se propõe a abranger todas as formas de sofrimento humano concorrentes que colocam a humanidade sob risco de extinção, como as migrações climáticas e as pandemias globais. Assim, respectivamente, o repertório normativo e prático do direito humanitário objetiva oferecer alívio imediato e salvar vidas; o dos direitos humanos busca combater injustiças estruturais; e o do direito da humanidade, visa garantir a sobrevivência da humanidade.

Os domínios da proteção internacional dos direitos humanos podem ser comparados em termos da linguagem, dos fundamentos e repertório de ação empregados. No direito humanitário, o repertório de ação envolve práticas de natureza tipicamente técnica e apolítica. As respostas humanitárias internacionais consistem em atos incondicionais de alívio das necessidades humanas que não questionam as circunstâncias ou origem das tragédias experimentadas em situações de emergência. As ações humanitárias se fundamentam em imperativos éticos e morais, sendo que atos de generosidade e empatia (como a doação de alimentos, medicamentos e a prestação de serviços de saúde) correspondem ao principal conteúdo das ações humanitárias. Nos direitos humanos, o repertório de ação para combater injustiças se constrói a partir da promoção de mudanças nas estruturas de poder e de autoridade que colocam indivíduos e sociedades em situação precária. As ações de direitos humanos se valem da linguagem legal para confrontar os Estados quanto às obrigações de direitos humanos assumidas no plano internacional. No direito da humanidade, o repertório de ação combina práticas técnicas e políticas para garantir a sobrevivência humana em circunstâncias complexas. Essas ações, fundamentadas em bases éticas e/ou legais, são articuladas em rede como forma de ativar responsabilidades compartilhadas entre todos os atores que se encontram conectados, de alguma forma, ao sofrimento humano.

Por fim, os domínios da proteção internacional dos direitos humanos produziram narrativas particulares quanto às perspectivas de minimizar o sofrimento humano e combater injustiças ao redor do mundo. No direito humanitário prevalece a narrativa da precariedade. Como nesse domínio o cenário internacional costuma ser visto como instável e sujeito a riscos iminentes de violência em massa, profissionais e intelectuais do campo humanitário consideram a possibilidade de retrocesso como algo sempre alarmante, ainda que frequentemente admitam esperança em tempos melhores. Nos direitos humanos predomina a narrativa de progresso. Como nesse domínio o cenário internacional costuma ser avaliado a partir do acúmulo histórico de direitos, profissionais e intelectuais do campo dos direitos humanos consideram factível a possibilidade de avanços, ainda que as transformações sejam necessariamente lentas e processuais. Como o domínio do direito da humanidade ainda se encontra em fase de construção intelectual, não é possível apontar uma narrativa prevalecente. Apesar disso, o cenário internacional costuma ser avaliado pelos intelectuais como um espaço desagregado, em que os direitos e as responsabilidades compartilhadas entre os atores podem promover profundas transformações na comunidade humana.

Em suma, os domínios da proteção internacional dos direitos humanos organizam a proteção dos valores humanos em nichos especializados, onde se congregam normas, linguagens, estruturas, mecanismos, repertórios de ação e conhecimentos específicos para os diversos fenômenos políticos e sociais com potencial impacto sobre a condição humana. Este livro concentra-se prioritariamente nos desenvolvimentos gerais observados no domínio dos direitos humanos. A escolha, metodologicamente orientada, pelo domínio dos direitos humanos não limita a aplicação dos conhecimentos aqui apresentados apenas ao terreno da "proteção humana em tempos de paz". Ao contrário, todo os conhecimentos apresentados nesta obra se mostram coerentes com uma visão de mundo expandida, em que o binômio guerra/paz nem sempre corresponde aos contextos em que ocorrem os diversos fenômenos internacionais com potencial impacto sobre a proteção humana. Portanto, os conhecimentos que serão apresentados se mostram válidos para subsidiar análises criteriosas, preparando estudantes e profissionais para múltiplas atuações no campo da política internacional dos direitos humanos.

CARACTERÍSTICAS DISTINTIVAS DA PROTEÇÃO INTERNACIONAL DOS DIREITOS HUMANOS

O desenvolvimento progressivo da proteção internacional dos direitos humanos reconheceu, ao conjunto de normas internacionais de direitos humanos, características especiais que as tornam distintas das demais normas do Direito Internacional. As principais características das normas internacionais de direitos humanos correspondem à universalidade, à indivisibilidade e à interdependência. Essa tríade de atributos normativos revelam as principais propriedades que tornam tais normas diferentes de todas as demais normas internacionais. O reconhecimento desses atributos normativos encontra-se expressamente formalizado nos tratados internacionais que deram origem à proteção internacional dos direitos humanos. A afirmação das características distintivas das normas internacionais de direitos humanos recebeu reforço durante as Conferências Mundiais de Direitos Humanos (em Teerã, em 1968, e em Viena, em 1993) e ao longo da contínua atividade de sua interpretação pelas cortes internacionais.

A característica da universalidade transmite a ideia de que as normas internacionais de direitos humanos possuem alcance e abrangência sobre todos. Afirmar que são universais significa dizer que a proteção internacional dos direitos humanos contempla a totalidade dos seres humanos, em todos os momentos históricos, circunstanciais e em todas as culturas. A característica da universalidade dos direitos humanos encontra-se originalmente afirmada na Declaração Universal de Direitos Humanos, de 1948. Contudo, questionamentos relacionados à dificuldade de aplicação das normas internacionais em realidades sociais e culturais particulares colocaram a necessidade de um reforço da comunidade internacional à ideia de universalidade dos direitos humanos, o que ocorreu durante a Segunda Conferência Mundial de Direitos Humanos, em Viena, em 1993.

A característica da indivisibilidade remete à ideia de que todos os aspectos da vida dos indivíduos e grupos merecem proteção por igual. Essa característica das normas internacionais de direitos humanos impõe a realização pariforme desses direitos, os quais podem se encontrar organizados (embora jamais divididos) em categorias, como direitos da dignidade, direitos da liberdade, direitos da igualdade e direitos da solidariedade. A característica da indivisibilidade dos direitos humanos também se encontra originalmente afirmada na Declaração Universal de Direitos Humanos, de 1948. Todavia, as tensões políticas presentes em estruturas internacionais marcadas por forte polarização geraram questionamentos relacionados à priorização de determinadas categorias de direitos em detrimento de outros. A polarização política durante a Guerra Fria suscetibilizou a priorização dos direitos civis e políticos pelo bloco ocidental-capitalista e dos direitos econômicos e sociais pelo bloco oriental-socialista. Essa circunstância internacional demandou repetidos reforços da comunidade internacional à ideia de indivisibilidade dos direitos humanos, o que ocorreu durante a Primeira Conferência Mundial de Direitos Humanos, em 1968, e a Segunda Conferência Mundial de Direitos Humanos, em 1993. Aliás, a orientação de um mundo politicamente dividido se refletiu profundamente na própria estrutura de proteção internacional dos direitos humanos, já que a falta de consenso entre os blocos à época da Guerra Fria inviabilizou o projeto de criação de um pacto internacional único, que vinculasse os Estados à realização de todos os direitos humanos de forma igual.

Por fim, a característica da interdependência remete à ideia de que todos os aspectos da vida dos seres humanos e dos povos estão inter-relacionados. Essa característica das normas internacionais de direitos humanos impõe a realização simultânea de diversas categorias. As categorias de direitos humanos são complementares entre si, ainda que, na prática, a realização de alguns direitos aparentemente pode concorrer com a realização de outros. Por exemplo, a liberdade de expressar opinião ou ideias não pode se dar sem implicação imediata em uma série de outros direitos protegidos. A liberdade de expressão interage com direito ao acesso à informação e deve, simultaneamente, guardar respeito aos direitos de personalidade, privacidade e propriedade. Portanto, a realização dos direitos humanos nunca se perfaz de forma singular, senão pela ponderação entre os direitos implicados, visando à máxima otimização dos valores protegidos pelas normas internacionais de direitos humanos. A característica dessa interdependência encontra-se originalmente afirmada na Declaração Universal de Direitos Humanos. Entretanto, a contínua expansão das normas internacionais de direitos humanos colocou a necessidade de sistematização lógica dos valores humanos protegidos. A reafirmação dessa característica de interdependência das normas internacionais durante a Segunda Conferência Mundial dos Direitos Humanos, em Viena, em 1993, promoveu maior coerência entre os direitos humanos, possibilitando a superação de eventuais desconcertos quanto a sua realização.

Mais recentemente, tem ganhado força na comunidade internacional o reconhecimento da característica de superioridade normativa dos direitos humanos. A concepção de que as normas internacionais de direitos humanos são superiores a todas as demais normas se baseia na ideia de que estes constituem pressuposto para existência e continuidade de todo o conjunto do Direito Internacional por versarem sobre valores essenciais para a humanidade. Em razão do conteúdo normativo que veiculam, as normas internacionais de direitos humanos conformam o núcleo do ordenamento normativo contemporâneo, estando todas as demais normas do Direito Internacional subordinadas aos seus preceitos principiológicos. A característica de superioridade normativa não se encontra afirmada nas normas que deram origem à proteção internacional dos direitos humanos, como é o caso dos atributos da universalidade, indivisibilidade e interdependência dos direitos humanos. O reconhecimento da superioridade normativa dos direitos humanos remonta à Convenção de Viena sobre o Direito dos Tratados, de 1969, momento em que a comunidade internacional definiu parâmetros gerais para regular os processos de definição, elaboração, revisão, interpretação e funcionamento dos tratados internacionais. A oportunidade de reflexão ampla sobre o Direito Internacional levou ao reconhecimento da característica de superioridade das normas internacionais de direitos humanos, que segue sendo reforçada por interpretações judiciais, entendimentos doutrinários e práticas internacionais.

Em conjunto, as características da universalidade, indivisibilidade, interdependência e superioridade normativa formam o amálgama que torna o conteúdo normativo da proteção internacional dos direitos humanos um conjunto abrangente, único, coeso e superior a todas as demais normas internacionais.

O desenvolvimento progressivo da proteção internacional dos direitos humanos e o reconhecimento reiterado de atributos especiais às normas internacionais de direitos humanos estabeleceram uma lógica própria no Direito Internacional. Tradicionalmente, as normas internacionais são criadas para regular fenômenos transfronteiriços e mediar as mais variadas relações estabelecidas entre Estados, sejam de natureza econômica, financeira, comercial, conflituosa, técnica ou política. Nesse sentido, as normas internacionais buscam estabelecer vantagens recíprocas ou resolver problemas comuns aos Estados. As normas internacionais de direitos humanos operam em sentido oposto. São criadas para monitorar as relações que ocorrem dentro dos Estados e buscam proteger indivíduos/grupos contra práticas estatais abusivas dos direitos humanos e responsabilizar os Estados por essas práticas. A lógica particular da proteção internacional dos direitos humanos ampliou o alcance tradicional do Direito Internacional sobre as relações *entre* Estados para abranger as relações que ocorrem *dentro* dos Estados. Além disso, as normas internacionais de direitos humanos expandiram a capacidade de o Direito Internacional prover ordem às relações internacionais, de modo que o objetivo de assegurar a coexistência pacífica, próspera e plena no mundo se dá não apenas pela mediação normativa das relações que ocorrem fora dos Estados, como também por meio da regulação do que ocorre dentro dos Estados.

O desenvolvimento da proteção internacional dos direitos humanos também provocou transformações profundas nas relações internacionais. Tradicionalmente, as relações internacionais concentram-se nas interações entre Estados soberanos estabelecidas na estrutura anárquica do sistema internacional. A característica da anarquia internacional impele os Estados soberanos a interagir com base no exercício das políticas da barganha e da força como forma de controlar os resultados na política internacional. O desenvolvimento da proteção internacional dos direitos humanos altera a estrutura anárquica do sistema internacional. Ao proteger os valores humanos na comunidade internacional, a proteção internacional dos direitos humanos colocou limites ao comportamento internacional e doméstico dos Estados soberanos. Além disso, o desenvolvimento da proteção internacional dos direitos humanos criou estruturas institucionais que legitimam atores diversos dos Estados a participar da política internacional, e, consequentemente, diversificou e multiplicou os atores que atuam nesse contexto. A conexão desses atores, por entre diversos níveis (local, nacional, regional, internacional) deu o tom das novas dinâmicas na política internacional, em que a diversidade de fontes de autoridade e de influência provoca rupturas à centralidade e ao controle dos Estados sobre os resultados na política internacional.

A proteção internacional dos direitos humanos pode ser considerada uma das ideias mais desafiadoras da política internacional contemporânea. A proteção de valores humanos na comunidade internacional colocou à prova os principais fundamentos da área, como os conceitos de ordem, soberania, anarquia e balança de poder na política internacional. O surgimento e gradual desenvolvimento de normas e estruturas internacionais de proteção aos direitos humanos estimularam os intelectuais das Relações Internacionais a refletir sobre tópicos como a emergência e evolução de normas internacionais, a difusão normativa na política internacional, os efeitos das normas internacionais sobre o comportamento político e as estratégias de ascensão de temas na agenda internacional.

AS RELAÇÕES INTERNACIONAIS E A PROTEÇÃO INTERNACIONAL DOS DIREITOS HUMANOS

Os direitos humanos nem sempre fizeram parte do rol de questões abordadas na política internacional. A proteção de indivíduos e grupos contra abusos de direitos humanos praticados pelo Estado se operacionalizou, até meados do século XX, exclusivamente por meio de documentos (geralmente constituições) nacionais, as quais definiam a extensão e a titularidade dos direitos humanos. A lógica de proteção exclusivamente doméstica dos direitos humanos relegou o tema a assunto interno dos Estados. Todavia, alguns episódios marcantes da política internacional expuseram os limites da proteção dos direitos humanos circunscrita aos Estados, mostrando que essa lógica de proteção estatal não foi suficiente para evitar catástrofes na história da humanidade. O extermínio e a perseguição de povos, a denegação de direitos e o completo despojamento da condição de cidadania a seres humanos integrados em comunidades políticas no contexto da Segunda Guerra Mundial revelaram uma condição paradoxal da proteção dos direitos humanos: o Estado investido simultaneamente no papel de maior protetor e maior violador dos direitos humanos. Hannah Arendt, em *Origens do totalitarismo* (1951), descreve como a situação dos apátridas e das minorias na Europa à época da Segunda Guerra Mundial expôs as consequências dramáticas do desprovimento do "direito a ter direitos".

A inclusão dos direitos humanos no rol de questões da política internacional se deu em reação à sucessão de horrores praticados pelo governo alemão, nazista, durante a Segunda Guerra Mundial, particularmente por causa do genocídio praticado contra o povo judeu.

As reações políticas e sociais na comunidade internacional ofereceram ímpeto inicial para que o tema dos direitos humanos fosse levado aos debates internacionais para construção de uma nova ordem mundial. Esses movimentos, liderados por pensadores, juristas e empreendedores sociais buscavam demonstrar a importância dos valores humanos para a comunidade internacional e a necessidade de conjecturar respostas internacionais às graves violações de direitos humanos praticadas pelos Estados. As normas internacionais de direitos humanos criadas nessa época se limitaram a declarar os direitos humanos objeto de proteção internacional. Apesar do conteúdo meramente declaratório desses direitos, as primeiras normas internacionais produziram efeitos simbólicos significativos. Ao garantir a linguagem dos direitos humanos na política internacional, as declarações internacionais de direitos humanos ofereceram base para desenvolvimentos normativos subsequentes, os quais estruturaram, anos mais tarde, os sistemas internacionais de proteção dos direitos humanos.

Após serem incluídas na agenda internacional ao final da Segunda Guerra Mundial, as questões de direitos humanos permaneceram relegadas a segundo plano na política internacional, pelo menos, até meados da Guerra Fria. A preocupação prioritária das potências vencedoras da guerra com os objetivos de segurança e desenvolvimento conservaram a agenda internacional fracionada entre questões *high* e *low politics*. Os assuntos *high politics* ou prioritários correspondem aos temas capazes de definir o jogo de forças e as estratégias na política internacional, como as questões econômicas e militares, e as matérias *low politics* se referem aos assuntos considerados menos influentes e, portanto, secundários para a política internacional, como os direitos humanos, meio ambiente e questões culturais. À medida que os tratados internacionais e as organizações internacionais de direitos humanos se firmaram como uma realidade inequívoca na política internacional, principalmente após o fim da Guerra Fria, a divisão da agenda internacional entre assuntos *high* e *low politics* deixou de fazer sentido e os denominados "novos temas" passaram a ocupar lugar cada vez mais frequente e integrado na agenda internacional.

Os temas na agenda internacional se refletem diretamente sobre os estudos da política internacional. As Relações Internacionais, enquanto área predominante no estudo da política internacional, caracterizam-se pela formulação contínua de abordagens para entender o mundo e as questões refletidas na agenda internacional. Cada abordagem das Relações Internacionais assume pressupostos teórico-conceituais próprios para explicar comportamentos e resultados na política internacional. As abordagens de Relações Internacionais passaram a ser articuladas aos direitos humanos à medida que o tema passou a ocupar um espaço crescente na agenda internacional. Sendo assim, nenhuma abordagem das Relações Internacionais se desenvolveu originalmente assumindo a questão dos direitos humanos na política internacional como ponto de partida. As análises da área a respeito da emergência e evolução da proteção internacional dos direitos humanos são resultado dos desafios que o tema colocou aos entendimentos tradicionais das Relações Internacionais.

O quadro a seguir sistematiza os entendimentos das principais abordagens de Relações Internacionais acerca dos direitos humanos na política internacional. Organizado com base no mapeamento da literatura, as proposições constantes nesse quadro partem de tipos-ideais frequentes nas Relações Internacionais (abordagens realista, liberal-institucionalista, construtivista e pós-positivista), como forma de cobrir parcela significativa dos espectros teórico-conceituais da área.

Quadro 2 – Abordagens das Relações Internacionais e a questão dos direitos humanos

Abordagem das RI / Direitos humanos	Realista	Liberal-institucionalista	Construtivista	Pós-positivista
Concepção	DH são imposições	DH são acordos	DH são ideias	DH são assuntos
Conteúdo	Proteção estatal aos cidadãos	Valores, princípios e direitos comuns entre Estados	Reivindicações, aspirações globais	Volátil e dependente do contexto
Finalidade	Organização doméstica dos Estados	Condução da política internacional	Combate às injustiças globais	Em tese, combate às injustiças, mas na prática tem finalidade variável
Incorporação normativa	Sim, na ordem jurídica doméstica (Constituições)	Sim, no ordenamento internacional (Tratados)	Sim, mas não necessariamente por normas codificadas	Existe, mas há necessidade de projeto de emancipação mais sólido
Fundamento	Poder estatal	Consenso político internacional	Mobilização social global	Linguagem
Realização	Sim, mediante coerção	Sim, mediante organização política (instituições e processos)	Sim, mediante socialização e processos transnacionais	Não, dadas as limitações de linguagem e contextos

Universalidade	Potencial, mediante dominação hegemônica	Potencial, mediante ampliação do consenso internacional	Potencial, mediante convergência de identidades	Não, a universalidade é uma pretensão
Declaração Universal (1948) foi um marco transformador?	Não	Sim, um marco inicial	Sim, um marco simbólico	Não

Fonte: Elaborado pela autora, com base em Dembour (2010).

A abordagem realista das Relações Internacionais concebe a proteção internacional dos direitos humanos como uma imposição hegemônica. Essa abordagem parte do pressuposto de que os resultados produzidos na política internacional dependem da distribuição de poder entre os Estados, de forma que Estados poderosos conseguem determinar, de forma independente, os impactos políticos pretendidos nas relações internacionais. Dessa forma, a abordagem realista não reconhece o valor das normas ou de outros atores diversos dos Estados como forças significativas na política internacional. Os realistas consideram o assunto dos direitos humanos uma ameaça potencial à estabilidade internacional, pois entendem que as condutas de direitos humanos são particularidades de organização doméstica da relação Estado-cidadão que, se levadas com frequência à política internacional, podem gerar divergências e conflitos entre Estados. Na lógica realista, a emergência e crescente aceitação de normas internacionais de direitos humanos é resultado dos interesses dos Estados poderosos, que determinam e promovem a proteção internacional dos direitos humanos por meio de instrumentos coercitivos. Os realistas interpretam a hipótese de universalidade dos direitos humanos como fenômeno que depende de uma conjuntura política de dominação hegemônica. Portanto, para a abordagem realista, a adoção da Declaração Universal dos Direitos Humanos, em 1948, não pode ser considerada um marco transformador na política internacional.

A abordagem liberal-institucionalista das Relações Internacionais compreende a proteção internacional dos direitos humanos como um acordo internacional. Essa abordagem parte do pressuposto que os resultados produzidos na política internacional dependem das preferências definidas no âmbito doméstico, de modo que os Estados participam de arranjos internacionais quando movidos pelo interesse em assegurar, no plano internacional, os objetivos pretendidos no plano doméstico. Dessa forma, a abordagem liberal-institucionalista reconhece certo peso à ideia de que as normas internacionais podem moldar a política internacional, em determinadas circunstâncias. Os liberais-institucionalistas consideram os direitos humanos como valores, princípios e direitos comuns a alguns Estados, servindo de referência para definição de comunidade internacional e para a própria condução da política internacional por meio da incorporação dessas normas no ordenamento internacional. Na lógica liberal-institucionalista, a emergência e crescente aceitação de normas de direitos humanos é resultado do movimento racional e interessado dos Estados de delegar, seletivamente, autoridade às instituições internacionais como forma de assegurar resultados domésticos desejados, como, por exemplo, a sobrevivência ou o fortalecimento da ordem democrática ou do Estado de Direito. Dessa forma, a adesão de Estados à proteção internacional dos direitos humanos varia conforme a percepção das ameaças domésticas. No caso de governos recém-democráticos ou em democracias instáveis, os compromissos de direitos humanos firmados no plano internacional podem funcionar como estratégia para "blindar" a preferência pelo regime político democrático contra possíveis retrocessos. Portanto, para a abordagem liberal-institucionalista, a origem e o desenvolvimento da proteção internacional dos direitos humanos, em vez de serem resultado de projetos exportados por Estados poderosos, são produto de ações voluntárias, racionais e interessadas de Estados. Os liberais-institucionalistas interpretam a hipótese de universalidade dos direitos humanos como fenômeno que depende da ampliação de consensos para o desenvolvimento de instituições e processos de direitos humanos na política internacional. Portanto, para a abordagem liberal-institucionalista, a adoção da

Declaração Universal dos Direitos Humanos, em 1948, é considerada um marco inicial de transformações na política internacional.

A abordagem construtivista das Relações Internacionais considera a proteção internacional dos direitos humanos uma ideia internacional. Essa abordagem parte do pressuposto que os resultados na política internacional dependem do papel que normas, ideias e processos assumem na definição de interesses e identidades dos atores nos planos doméstico e internacional. Dessa forma, a abordagem construtivista confere ênfase ao ambiente normativo, em que processos de socialização e internalização de normas transformam os padrões de comportamento dos atores na política internacional. Os construtivistas entendem que os direitos humanos são ideias socialmente construídas a respeito dos valores e concepções básicas de dignidade humana e que essas ideias contam com potencial ressonância sobre diferentes culturas ao redor do mundo, configurando reivindicações e aspirações globais. Na lógica construtivista, a emergência e crescente aceitação de normas de direitos humanos é resultado da reunião de normas, agentes e processos em dinâmicas sociais que dão força à ideia de combate às injustiças globais. Portanto, para a abordagem construtivista, a origem e o desenvolvimento da proteção internacional dos direitos humanos, em vez de serem resultado direto e imediato do interesse de Estados, são produto de paulatinos processos transnacionais de mobilização social em torno de normas, não necessariamente codificadas. Os construtivistas interpretam a hipótese de universalidade dos direitos humanos como ideia que depende da convergência de identidades dos atores quanto às finalidades do sistema internacional. Portanto, para a abordagem construtivista, a adoção da Declaração Universal dos Direitos Humanos, em 1948, é considerada um marco simbólico para transformações na política internacional.

A abordagem pós-positivista das Relações Internacionais entende a proteção internacional dos direitos humanos como um assunto internacional. Essa abordagem parte do pressuposto de que os resultados produzidos na política internacional dependem das interpretações que são dadas aos assuntos por estudiosos da área.

Os pós-positivistas entendem que os direitos humanos, assim como os demais temas da agenda internacional, são abstrações traduzidas por meio de simbologias fluidas e mutáveis, que não carregam um significado fixo ou correspondência entre culturas, temporalidade e espaços. Dessa forma, os direitos humanos são entendidos como representações simbólicas que aspiram ao *status* de verdade na pretensão de combater injustiças, embora reflitam, na prática, afirmações históricas de poder e estruturas de dominação. Nessa lógica pós-positivista, a emergência e crescente aceitação de normas de direitos humanos é relativizada, colocando-se em dúvida e sob desconfiança a pretensão universalizante dos direitos humanos. Portanto, para a abordagem pós-positivista, a origem e o desenvolvimento da proteção internacional dos direitos humanos são reflexos de processos de constante reprodução ou manipulação retórica de uma linguagem, os quais conferem legitimidade a formas de dominação históricas. Assim sendo, a narrativa da proteção internacional dos direitos humanos a partir de uma trajetória de progresso, supostamente capaz de promover a ampliação da autonomia e liberdade dos indivíduos, não passaria de um processo discursivo disciplinador, produzindo sujeitos que internalizam normas e códigos morais que, no entanto, os tornam seres socialmente funcionais e completamente submissos. Os pós-positivistas interpretam a hipótese de universalidade dos direitos humanos como uma pretensão limitada a determinadas linguagens e contextos. Portanto, para a abordagem pós-positivista, a adoção da Declaração Universal dos Direitos Humanos, em 1948, não é considerada um transformador na política internacional.

O esforço de sistematizar os entendimentos das abordagens de Relações Internacionais quanto à emergência e ao desenvolvimento da proteção internacional dos direitos humanos oferece vantagens e desvantagens. Estudantes avançados podem indagar a validade da condensação de vertentes teóricas ou a ausência de perspectivas em particular. Igualmente, leitores versados na bibliografia acadêmica específica de política internacional e direitos humanos podem encontrar dificuldades em situar obras dentro das divisões propostas no Quadro 2. Ainda assim, essa organização cumpre a função didática de favorecer um acesso rápido aos pressupostos e argumentos mais comuns da literatura, além de, como um todo, evidenciar que a área não se encontra vinculada a uma concepção única ou a entendimentos consensuais no que se refere à proteção internacional dos direitos humanos. Pelo contrário, a breve descrição de algumas das proposições das abordagens de Relações Internacionais em matéria de direitos humanos demonstra que a área reúne entendimentos variados, veiculando diferentes visões e hipóteses para explicar as questões de direitos humanos na política internacional. O exercício típico do estudante e profissional das Relações Internacionais – de considerar abordagens e hipóteses concorrentes na explicação dos fenômenos e contrastar esses entendimentos às evidências na política internacional – representa um esforço científico válido e produtivo para tentar entender realidades complexas de forma intelectualmente rigorosa e bem equilibrada.

Qual a origem da proteção internacional dos direitos humanos?

As noções de direitos humanos são longevas na história da humanidade. A identificação geográfica e temporal da origem dos direitos humanos consiste em um esforço intelectual recente. Os entendimentos históricos acerca do desenvolvimento internacional dos direitos humanos são significativos para as Relações Internacionais quando remetem diretamente à proteção internacional dos direitos humanos ou quando relacionam eventos de direitos humanos às transformações na ordem internacional. Cada linha histórica de desenvolvimento internacional dos direitos humanos descreve a trajetória desses direitos a partir de um foco privilegiado. O exame das linhas históricas de desenvolvimento internacional dos direitos humanos indica como as principais controvérsias no tema presentes na política internacional guardam relação com o passado.

HISTÓRIA DOS DIREITOS HUMANOS E RELAÇÕES INTERNACIONAIS

A história convencional dos direitos humanos costuma ser traçada com base no reconhecimento de direitos ao longo do tempo. Essa versão convencional sobre a evolução dos direitos humanos, determinada a partir da consolidação de direitos legais, se caracteriza por conferir ênfase a eventos internos dos Estados como elementos que influenciaram o desenvolvimento internacional dos direitos humanos. Assim, a subscrição de garantias formais de direitos humanos nas constituições domésticas e a expansão da adoção de constituições ao redor do mundo assumiriam preponderância explicativa sobre a origem da proteção internacional dos direitos humanos. Por exemplo, Norberto Bobbio, ao tratar da origem dos direitos humanos em *A era dos direitos*, afirmou que "os direitos humanos nascem como direitos naturais e universais, se desenvolvem como direitos positivos particulares e hoje alcançam certa plenitude como direitos positivos universais" (2004: 30). Esse raciocínio preconiza uma trajetória evolutiva dos direitos humanos que parte de expressões locais, consolida-se nos Estados e, por fim, consagra-se no âmbito internacional.

Os esforços intelectuais de elaboração da história convencional dos direitos humanos frequentemente fundem a atividade de pensar sua *origem* com a tarefa de identificar suas *fontes*. Apesar de essas atividades não serem completamente dissociáveis, constituem empreitadas relativamente diversas. Pensar sobre a origem dos direitos humanos remete a uma reflexão ampla sobre sua gênese, aludindo às tradições, culturas e períodos em que as ideias sobre o tema floresceram na história da humanidade. Identificar as fontes dos direitos humanos relaciona-se a um exercício específico de verificação quanto à exteriorização dos valores humanos em normas, aludindo aos processos constitutivos do direito, sejam esses expressos (tratados, convenções, doutrina) ou tácitos (rotinas, práticas, costumes). Assim, a ideia de origem dos direitos humanos tende a se concentrar no passado e em eventos externos ao direito; enquanto a noção de fontes dos direitos humanos captura o movimento contínuo de criação do direito. Assim, enquanto a questão da origem pode suscitar questionamentos significativos quanto à validade, aplicação e realização dos direitos humanos, a questão das fontes repercute mais diretamente sobre os aspectos da formalização das normas.

Uma potencial implicação de fundir origem e fonte dos direitos humanos é a possibilidade de produzir conhecimento parcial e tendencioso sobre a história da proteção internacional dos direitos humanos. Por exemplo, a história dos desenvolvimentos internacionais em matéria de direitos humanos, quando narrada apenas a partir da perspectiva ocidental e por meio da sucessão de tratados internacionais, desconsidera contribuições de outras regiões do mundo e expressões *soft law* que também compõem a proteção internacional dos direitos humanos. Esforços intelectuais recentes têm identificado vários eventos históricos simplesmente apagados na memória convencional dos direitos humanos, confirmando que essa história convencional sustentou, ao longo do tempo, mitos poderosos, que ainda hoje repercutem sobre a ideia de direitos humanos na política internacional.

As perspectivas particulares de uma área de conhecimento sobre o desenvolvimento internacional dos direitos humanos nem sempre podem ser transferidas integralmente para outra área de conhecimento, mesmo em se tratando de História, cuja matéria se delineia a partir de fatos objetivos. Por exemplo, o retorno ao passado extremamente remoto (como os períodos da Antiguidade e da Idade Média), esforço comum na área do Direito, possui relativa valia para estudantes e profissionais das Relações Internacionais, que costumam ser orientados a assumir marcos temporais mais contemporâneos, definidores da própria concepção de política internacional. Da mesma forma, a depender da perspectiva admitida dentro de uma área de conhecimento, as trajetórias particulares de alguns Estados nem sempre se sobrepõem à influência dos eventos externos no exame dos desenvolvimentos internacionais em matéria de direitos humanos. Nas

Relações Internacionais, fatores como guerras, polarização mundial, descolonização e dinâmicas transnacionais podem ganhar relevância na explicação sobre os desdobramentos que moldaram a história da proteção internacional dos direitos humanos.

Apresentamos seus principais desenvolvimentos internacionais a partir da ideia de linhas históricas. Tais linhas são instrumentos úteis para dar ordem aos eventos históricos e identificar o conjunto de ações e práticas concretas de um período, permitindo, ao mesmo tempo, reconhecer os limites da produção intelectual inerentes a determinados momentos históricos, percepções ideológicas e visões de mundo. As linhas históricas de desenvolvimento internacional dos direitos humanos são significativas para as Relações Internacionais na medida em que partem da proteção internacional dos direitos humanos ou quando relacionam eventos de direitos humanos às transformações na ordem internacional. Assumir uma perspectiva própria das Relações Internacionais sobre a história dos direitos humanos significa recorrer à historiografia, isto é, aos múltiplos esforços intelectuais sobre o desenvolvimento internacional dos direitos humanos, para acessar a gênese da ideia de proteger esses direitos desde o plano internacional e os fundamentos das transformações de direitos humanos sobre a ordem internacional. Como as historiografias assumem focos, pontos de partida e perspectivas particulares, a descrição dos fatos e eventos relacionados à história da proteção internacional dos direitos humanos pode privilegiar alguns pontos e excluir outros, não havendo, portanto, linhas históricas neutras ou completas. Por essa razão, apresentar as principais linhas históricas de desenvolvimento internacional dos direitos humanos mostra-se um caminho razoável para entender como dilemas sobre o tema presentes na política internacional contemporânea guardam relação com o passado.

LINHAS HISTÓRICAS DE DESENVOLVIMENTO INTERNACIONAL DOS DIREITOS HUMANOS

Linha geracional: a história dos direitos humanos

A linha geracional dos direitos humanos corresponde à linha de desenvolvimento internacional dos direitos humanos que encontra maior difusão e popularidade entre acadêmicos e profissionais do campo em questão. O precursor da linha geracional dos direitos humanos foi o jurista tcheco Karel Vasak, o qual, em 1979, propôs periodizar a emergência dos direitos humanos no plano internacional por meio de três gerações. Cada uma dessas gerações corresponderia ao surgimento histórico de categorias de direitos, identificadas com cada um dos ideais da Revolução Francesa: liberdade, igualdade e fraternidade. A partir desse esquema, os direitos de primeira geração corresponderiam à emergência dos direitos civis e políticos, ligados ao ideal de liberdade; os direitos de segunda geração corresponderiam à emergência dos direitos econômicos e sociais, ligados ao ideal de igualdade; e os direitos de terceira geração corresponderiam à emergência dos direitos da humanidade, ligados ao ideal de fraternidade ou solidariedade.

Uma das características marcantes da linha geracional é sugerir atalhos discursivos e mentais para fazer referência a conteúdos de direitos humanos historicamente contextualizados. A ideia de "gerações" de direitos humanos, portanto, se refere a construções didáticas que oferecem contexto e significado à emergência das normas de direitos humanos, de modo que os saltos evolutivos entre gerações de direitos humanos representam conquistas históricas na proteção dos valores humanos.

Os direitos de primeira geração correspondem à categoria dos direitos civis e políticos, que se caracterizam pela proteção das liberdades dos indivíduos, garantindo a integridade física e mental e a participação das pessoas na sociedade, livre da interferência ou violência estatal. Os direitos civis incluem: direito à vida, direito à privacidade, direito à integridade, liberdade de expressão e pensamento, liberdade religiosa, direito de proteção contra prisão arbitrária, direito ao devido processo legal, direito a julgamento justo, entre outros. Os direitos políticos incluem: direito de reunião e associação; direito de voto e participação política. De acordo com a linha geracional, os direitos de primeira geração emergiram das revoluções liberais do século XVIII, nos Estados Unidos e na França, como reação aos privilégios coloniais e aristocráticos. Esses direitos civis e políticos foram original e formalmente expressos na Declaração de Direitos de Virgínia de 1776 e na Declaração dos Direitos do Homem e do Cidadão de 1789.

Os direitos de segunda geração correspondem à categoria dos direitos econômicos e sociais, que se caracterizam pela proteção das igualdades entre indivíduos e grupos, promovendo desenvolvimentos econômicos e sociais. Os direitos econômicos e sociais incluem: direito à educação, direito à saúde e ao bem-estar, direito ao trabalho e à remuneração justa, direito de formar sindicatos e associações, direito ao lazer, direito à seguridade social, direito aos benefícios da cultura, direito às terras, rituais e culturas indígenas, direito de falar a própria língua e à educação na língua materna, entre outros. De acordo com a linha geracional, os direitos de segunda geração emergiram das lutas sociais e movimentos operários na Europa e nas Américas como reação às desigualdades econômicas e sociais refletidas no pós-Revolução Industrial. Esses direitos econômicos e sociais foram expressos originalmente na Constituição Mexicana, de 1917, na Constituição de Weimar, de 1919, e no Tratado de Versalhes, de 1919.

Os direitos de terceira geração correspondem à categoria dos direitos da humanidade, que se caracterizam pela proteção da humanidade como um todo, estimulando o compartilhamento justo das fontes naturais, dos bens públicos e dos resultados dos processos de crescimento econômico, expansão e inovação ao redor do globo. Os direitos de terceira geração incluem: direito ao desenvolvimento, direito ao ambiente sustentável, direito à autodeterminação e o direito à paz. De acordo com a linha geracional, os direitos de terceira geração emergiram no pós-Segunda Guerra Mundial, a partir dos movimentos de descolonização, da percepção dos limites da continuidade da existência humana perante a capacidade de destruição total do planeta (seja pela descoberta da bomba atômica, da consternação diante das práticas de genocídio ou pela percepção de irreversibilidade do ritmo de degradação ambiental) e dos resultados desiguais dos processos de globalização. Os direitos de terceira geração foram expressos em diversos tratados internacionais produzidos após a Segunda Guerra Mundial, principalmente no âmbito de organizações internacionais.

Ao longo do tempo, a linha geracional dos direitos humanos passou a sofrer críticas por mostrar-se desatualizada, por supostamente promover a fragmentação de direitos e por sugerir distorções que implicariam a supressão de direitos, conforme a evolução por saltos geracionais. Nesse sentido, os propagadores da linha geracional dos direitos humanos defenderam algumas reformulações na proposta original. Como forma de enfrentar as críticas relativas à desatualização das gerações de direitos humanos frente às profundas transformações sociais, pretendeu-se expandir quantitativamente o número de gerações para dar cobertura aos novos desafios, como os direitos de quarta geração, que lidariam com os desdobramentos sociais das descobertas científicas no campo da biogenética, e os direitos de quinta geração, que lidariam com as repercussões sociais decorrentes das novas tecnologias da informação e comunicação. Todavia, essa proposição quantitativa de novas gerações acentuou ainda mais o desgaste da linha geracional dos direitos humanos, inflamando as críticas subsequentes quanto à fragmentação e supressão de direitos.

Para os críticos, a aplicação da noção de "gerações" favorece uma visão sucessória sobre o processo histórico dos direitos humanos, promovendo a sua fragmentação e a supressão de direitos de uma geração pelos desenvolvimentos posteriores. Como forma de remediar essas críticas, uma das tentativas de preservar a linha geracional dos direitos humanos pretendeu refinar substantivamente o termo que rotula a ideia de "geração" para corrigir a impressão de que os direitos humanos desaparecem com o avanço de uma geração a outra. A substituição semântica do termo "geração" por "dimensão" pretendeu traduzir a ideia de que os valores protegidos em um dado momento histórico continuam com a mesma força normativa originária, de modo que, a cada dimensão, os conteúdos de direitos humanos se revestem de uma nova aplicação. Por exemplo, o direito de propriedade (primeira dimensão), ao longo do tempo e das reinterpretações dessa norma, acumula funções sociais (segunda dimensão) e, posteriormente, funções ambientais (terceira dimensão). Essa remodelação procurou conferir sentido de cumulação e expansão qualitativa dos direitos humanos.

Em que pese a popularidade e as tentativas de aprimoramento, a ampla difusão da história do desenvolvimento internacional a partir da linha geracional trouxe consequências significativas para a proteção internacional dos direitos humanos. A visão atomizada de direitos humanos em gerações conferiu substrato ao entendimento falacioso de que os compromissos internacionais quanto aos direitos de uma geração não poderiam ser exigidos enquanto não se realizassem os direitos da geração anterior. Essa justificativa, empregada por alguns Estados para legitimar o descumprimento sistemático de direitos humanos de uma determinada categoria/geração, levou a comunidade internacional a reforçar o princípio da indivisibilidade e da realização progressiva dos direitos humanos. Esses princípios reconhecem que a realização de alguns direitos (geralmente os identificados como de segunda geração) se condiciona às capacidades materiais dos Estados; porém, determinam que os Estados utilizem ao máximo os recursos materiais disponíveis para alcançar progressivamente a completa realização de direitos.

A linha geracional corresponde mais à ideia de narrativa dos direitos humanos do que propriamente à noção de história dos direitos humanos. A ausência de lastro da linha geracional com os fatos históricos que deflagraram a emergência de normas e processos internacionais de direitos humanos sugere que a linha geracional assuma características mais próximas de uma construção narrativa do que de uma proposição histórica para conhecer os desenvolvimentos internacionais de direitos humanos. A ideia de que os direitos civis e políticos (primeira geração) antecederam os direitos econômicos e sociais (segunda geração) na construção da proteção internacional dos direitos humanos não corresponde à ordem dos fatos históricos. No plano internacional, os primeiros direitos consagrados foram os direitos econômicos e sociais, antes mesmo da sistematização internacional dos direitos humanos. No bojo do Tratado de Versalhes, de 1919, e no âmbito da Organização Internacional do Trabalho nos anos 1920 e 1930, convenções internacionais consagraram direitos relacionados à categoria dos direitos econômicos e sociais, como os direitos trabalhistas. Os direitos civis e políticos somente vieram a se consagrar anos mais tarde, na Declaração Americana de Direitos e Deveres do Homem e na Declaração Universal de Direitos Humanos, ambas de 1948. A mesma ordem de afirmação de direitos ocorreu quando da adoção das convenções internacionais no âmbito das Nações Unidas: a aprovação da Convenção Internacional dos Direitos Econômicos, Sociais e Culturais antecedeu, ainda que em dias, a adoção da Convenção Internacional dos Direitos Civis e Políticos, ambas em 1966. Portanto, as proposições da linha geracional de direitos humanos não correspondem à ordem exata da sucessão de eventos internacionais de direitos humanos, apesar de constituírem um modelo de história convencional dos direitos humanos bastante difundido na literatura e nos campos de atuação profissional em direitos humanos.

Linha dos projetos de direitos humanos: os direitos humanos na História

A linha dos projetos de direitos humanos corresponde à linha histórica de desenvolvimento internacional dos direitos humanos que parte da existência de uma diversidade de tradições de pensamento acerca da dignidade humana ao redor do globo. Essas tradições, transportadas através dos séculos por meio de textos religiosos, documentos históricos e padrões culturais, se traduziram em projetos de direitos humanos à medida que ideias e eventos produziram transformações significativas para a organização da vida em sociedade. A concepção contemporânea de direitos humanos seria, portanto, o reflexo das tradições ancestrais que deram as primeiras contribuições éticas para a humanidade sobre os projetos de direitos humanos aflorados em determinadas temporalidades e regiões do mundo.

Essa linha concebe o desenvolvimento internacional dos direitos humanos a partir de três projetos distintos: o projeto liberal, o projeto socialista e o projeto desenvolvimentista. O projeto liberal de direitos humanos encontra origem no legado iluminista europeu. As profundas transformações das estruturas política e religiosa na Europa ao final da Idade Média lançaram as bases para a formação dos primeiros Estados e para a separação entre política e religião no mundo ocidental. As ideias de contestação do poder divino dos reis e de secularização religiosa levaram pensadores iluministas, como Hugo Grotius, Samuel Puffendorf, Emmerich de Vattel e René Descartes, a construir uma nova linguagem de afirmação da humanidade, comum e universal, no sentido de concebê-la como transcendente ao sectarismo religioso. Nos séculos seguintes, as revoluções liberais inglesa, francesa e americana se apropriaram do mesmo discurso para lutar contra os privilégios aristocráticos e contra a autoridade colonial, respectivamente.

O projeto liberal de direitos humanos firma uma concepção individualista dos direitos humanos como forma de proteger os seres humanos dos abusos estatais. As revoluções liberais inglesa, francesa e americana, contra os abusos de poder do Estado, foram justificadas em nome dos direitos e das liberdades dos cidadãos, pretendendo, a partir da linguagem do direito, garantir liberdades individuais e minimizar a interferência do Estado ao necessário para manutenção do pacto social. As Declarações de Direitos resultantes dessas revoluções liberais, como a Declaração de Direitos do Homem e do Cidadão, de 1979, e a Declaração de Independência dos Estados Unidos (também denominada Declaração de Virgínia), de 1776, ofereceram substrato para emergência de novas estruturas políticas, reorganizadas a partir de princípios de liberdade dos seres humanos. Esses princípios se caracterizavam por colocar limites claros para os Estados na vida dos indivíduos: o direito à vida impõe o dever de o Estado não matar (e impedir que outro cidadão o faça); o direito à integridade coloca o dever de o Estado não torturar; o direito de ir e vir corresponde ao dever de o Estado não realizar prisões arbitrárias; a liberdade religiosa impede o Estado de definir práticas religiosas; o direito de propriedade impõe o dever de o Estado não expropriar os bens dos cidadãos, entre outros direitos que colocam ao Estado uma posição fortemente abstencionista.

Apesar de estabelecer marcos históricos no que tange às ideias de liberdade individual e igualdade formal entre os seres humanos, o projeto liberal de direitos humanos não alcançou suas pretensões universalizantes. Pelo contrário, ao mesmo tempo que os direitos eram declarados como universais nos documentos históricos, a escravidão continuava vigente nas colônias europeias e nas Américas, o direito ao voto e a participação política estavam condicionados à propriedade e as mulheres estavam excluídas. Além disso, o empréstimo das ideias de liberdade às relações sociais e econômicas, como a livre concorrência e a liberdade de contratar, adicionou contradições ao projeto liberal de direitos humanos universais.

O projeto socialista de direitos humanos começa a ser construído a partir do questionamento das contradições apresentadas no projeto liberal de direitos humanos. As ideias liberais foram exploradas e enriquecidas pela contribuição de pensadores socialistas, como Karl Marx e Friedrich Engels, que passaram a refletir sobre os sinais de desigualdade econômica e social crescente entre as classes de trabalhadores proletários e os capitalistas. O projeto socialista de direitos humanos originou-se no âmbito da Revolução Industrial e do movimento operário no século XIX, quando movimentos sociais (classes trabalhadoras, mulheres) e partidos políticos na Inglaterra e na

Europa tiveram um papel crucial na luta pela igualdade humana, em termos de oportunidades.

O projeto socialista de direitos humanos firma uma concepção coletivista como forma de garantir que o Estado promova condições para fruição de direitos fundamentais. As lutas dos movimentos sociais de origem operária destacavam as desigualdades sociais e econômicas enfrentadas por grupos vulneráveis, incapazes de usufruir, por si mesmos, dos direitos e das liberdades consagrados pelo Estado nas estruturas vigentes da sociedade industrial. A luta pelas condições de igualdade entre grupos diversos (operários e detentores dos meios de produção; homens e mulheres) representava a necessidade de os seres humanos terem garantias de meios apropriados de subsistência e vida decente (como dos direitos à saúde, direito à habitação, direito à educação, direitos trabalhistas, direito à segurança social e direito ao bem-estar) e de participação política universal. A igualdade formal dos indivíduos, característica do projeto liberal, se mostrava insuficiente para assegurar que, na prática, todos os indivíduos tivessem igual acesso aos direitos, sendo imprescindível a ação do Estado para superar as desigualdades sociais. Além disso, a luta pela universalização do voto evidenciava como a exclusão de grupos desfavorecidos no processo político os colocava em posição de desvantagem para resolver as crescentes desigualdades econômico-sociais.

Como resultado, o projeto socialista de direitos humanos pretendeu garantir direitos coletivos como forma de concretizar os direitos individuais abstratos formulados pelo projeto liberal de direitos humanos. Nesse sentido, ao invés de conflitar com o projeto liberal, o projeto socialista redefiniu a agenda liberal para incluir os denominados direitos econômicos e sociais, que visavam concretizar as liberdades abstratas. Contudo, os legados socialistas ao processo de construção da proteção internacional dos direitos humanos têm sido frequentemente negados, principalmente em razão das atrocidades cometidas por regimes comunistas. Esse é um julgamento equivocado a respeito das contribuições dos diferentes projetos de direitos humanos à proteção internacional de direitos humanos. Como afirma Micheline Ishay, em *The History of Human Rights* (2004), o projeto liberal de direitos humanos deixou um legado maior do que o colonialismo, da mesma maneira que o projeto socialista de direitos humanos também produziu heranças maiores que os experimentos stalinistas e maoísta, de modo que ambos os projetos transmitiram um patrimônio indiscutível para a concepção contemporânea de direitos humanos, sobretudo, por assumirem uma perspectiva inequívoca de universalidade dos direitos humanos.

Contudo, as inconsistências práticas do universalismo propagado pelos projetos liberal e socialista contribuíram para que novos questionamentos emergissem, dessa vez, por parte dos Estados em desenvolvimento. Esses Estados, à época chamados de "terceiro mundo", passaram a questionar as crescentes desigualdades e assimetrias ao redor do globo. O choque entre os ideais propagados pelos projetos universalizantes de direitos humanos contrastava com as realidades enfrentadas pelos Estados em desenvolvimento, como a extrema pobreza, o agravamento da situação econômica, a elevada conflituosidade e violência social. A falência da iniciativa da Sociedade das Nações no período entreguerras inibiu a construção de um mecanismo viável para assegurar direitos liberais e sociais na política mundial. Essa lacuna abriu espaço para que alguns Estados, particularmente aqueles que se encontravam em processo de descolonização, afirmassem a necessidade de proteção internacional do direito à autodeterminação dos povos, contemplado na Carta das Nações Unidas. Como reflexo das linhas de atuação anticoloniais e antirracistas em direitos humanos, a adição do direito à autodeterminação insere os direitos humanos de titularidade comunitária na pauta internacional, promovendo os direitos culturais como parte integrante da proteção internacional dos direitos humanos. Mais tarde, a inserção dos direitos humanos em batalhas ideológicas durante a Guerra Fria, com a articulação seletiva de direitos humanos pelas potências mundiais, selou o caminho para que as divergências internacionais nessa área se transformassem em discordâncias prolongadas. Como resultado, o cenário político polarizado permitiu que os direitos culturais fossem apropriados como elementos discursivos para tendências políticas particularistas de direitos humanos por parte de alguns Estados.

A afirmação de direitos culturais enseja a concepção de um projeto desenvolvimentista de direitos humanos, cuja característica principal é firmar uma concepção comunitária dos direitos humanos. O choque entre os ideais propagados pelo Norte e as realidades enfrentadas pelos Estados do Sul levou as antigas colônias a reformularem a noção de direitos humanos nos anos 1960. Partindo da perspectiva do direito à autodeterminação, consagrada na Carta das Nações Unidas, e dos direitos culturais, consagrados na Declaração Universal de Direitos Humanos, esses Estados em desenvolvimento passaram a modelar uma identidade própria, cuja pauta visava à construção de uma nova ordem política, econômica e social mais solidária. Ao promover direitos de titularidade coletiva ampla, como o direito à autodeterminação, o direito à paz, o direito ao desenvolvimento e os direitos contra discriminação racial, o projeto desenvolvimentista de direitos humanos objetivava superar desigualdades estruturais na política internacional. Contudo, alguns Estados, em particular asiáticos e africanos, invocando sistemas culturais, religiosos e ideológicos diversos do Ocidente, passaram a se insurgir contra a própria ideia de direitos humanos, alegando que a proteção internacional a esses direitos correspondia a uma tentativa de imposição de valores ocidentais ao restante do mundo. Essa tendência particularista, caracterizada por um entendimento radical da noção de relativismo cultural, promoveu controvérsias duradouras na política internacional dos direitos humanos.

O projeto desenvolvimentista recebeu diversas críticas. Para Micheline Ishay, no já citado *The History of Human Rights*, o projeto desenvolvimentista de direitos humanos sequer chegou a constituir alternativa legítima aos projetos liberal e socialista de direitos humanos porque a invocação de direitos culturais seria, na visão da autora, uma justificativa dos Estados para suas falências históricas em colocar os direitos humanos universais em prática. A autora chama atenção para diversos episódios na história em que as ascensões de nacionalismos e a afirmação de grupos sobre os demais foram seguidas de grandes retrocessos em matéria dos direitos humanos universais, como, por exemplo, o surgimento dos novos Estados no Leste Europeu e a afirmação de novas identidades nacionais, que foram responsáveis pelo genocídio de minorias étnicas. De uma perspectiva distinta, Lindgren Alves, em *Os direitos humanos como tema global* (2003), considera que o projeto desenvolvimentista chegou a se consagrar, mas somente após a Conferência Mundial dos Direitos Humanos de Viena, em 1993. Para o autor, é nesse momento que são superadas as resistências entre os projetos universalizantes de direitos humanos e os excessos do relativismo cultural, de modo que o legado da Conferência de Viena consiste na aceitação da unidade "gênero humano" nos "pluralismos das particularidades" das nações, das regiões e de seus antecedentes históricos, culturais e religiosos, tornando-se, a partir de então, verdadeiro tema global e elemento de governabilidade do sistema mundial.

A linha dos projetos de direitos humanos denota a carga política dos desenvolvimentos internacionais em matéria de direitos humanos. Isso significa reconhecer que os projetos de direitos humanos estão inequivocamente relacionados às articulações políticas ao redor do mundo. Por vezes, a politização em torno dos projetos de direitos humanos costuma ser lembrada apenas como elemento que gerou contradições quanto à promoção dos direitos humanos, especialmente no que se refere às clivagens entre promoção de direitos liberais *vs.* direitos sociais e, mais tarde, direitos universais *vs.* perspectivas relativistas. Certamente, as consequências desses processos de politização em torno dos direitos humanos, como a seletividade e a contínua divisão dos direitos humanos, foram negativas por diluírem os valores da dignidade humana ao cálculo de ganhos políticos. Contudo, houve momentos em que a politização nos projetos de direitos humanos alcançou resultados positivos, como a inclusão da linguagem dos direitos humanos na política internacional, resultante da adoção da Declaração Universal dos Direitos

Humanos e o entendimento que os direitos humanos são universais, produto da Conferência Mundial dos Direitos Humanos de Viena. Portanto, a politização em torno deste tema não deve ser avaliada meramente a partir dos resultados positivo ou negativo nos desenvolvimentos internacionais desses direitos, uma vez que a politização é um elemento inerente aos processos internacionais de direitos humanos. Por exemplo, os próprios processos de afirmação de normas internacionais de direitos humanos decorreram de articulações políticas, mais ou menos resistidas, para, em última análise, elevar os valores da dignidade humana ao redor do globo.

Em que pese a genealogia particular de cada projeto de direitos humanos, houve momentos na história em que os projetos se aproximaram, no sentido de promover complementações necessárias, bem como momentos em que esses projetos conflitaram, promovendo diferenças nas prioridades dadas às respectivas concepções de direitos humanos (individualista, coletiva ou comunitária). Nesse sentido, a linha dos projetos de direitos humanos reconhece que o processo histórico de construção dos direitos humanos não é linear, senão repleto de inconsistências e retrocessos, em constante processo de construção e reconstrução. Ao mesmo tempo, evidencia que são exatamente os alcances contraditórios de cada projeto que motivam o contínuo desenvolvimento dos direitos humanos.

Linha da internacionalização dos direitos humanos: direitos humanos na política internacional

A linha da internacionalização dos direitos humanos transpõe a questão da história dos direitos humanos para o campo do surgimento das normas internacionais de direitos humanos. Diferentemente das linhas históricas de desenvolvimento internacional dos direitos humanos apresentadas anteriormente, as quais se baseiam nos entendimentos intelectuais, raízes filosóficas e tradições políticas de direitos humanos ao redor do mundo, a linha da internacionalização assume como elemento primário o conjunto de direitos consagrados nos termos do Direito Internacional. A linha da internacionalização dos direitos humanos se desenvolveu, principalmente, com base nos direitos expressamente afirmados pelos Estados no plano internacional. Ao lidar com declarações, tratados e convenções internacionais de direitos humanos, a linha da internacionalização recobre um período histórico mais contemporâneo na história da humanidade, referente à construção das normas e estruturas de proteção internacional dos direitos humanos.

A concepção de proteção internacional dos direitos humanos fixa-se na ideia de que matérias sobre o tema extrapolam os limites reservados aos Estados, consolidando-se como legítimo interesse da comunidade internacional. Essa concepção é entendida como resultado de movimentos de legalização internacional, intensificados desde o pós-Segunda Guerra Mundial. Diz respeito, sobretudo, à reconstrução dos direitos humanos como paradigma e referencial ético a orientar a ordem internacional contemporânea. Nesse sentido, a sistematização da proteção internacional dos direitos humanos cumpre o duplo objetivo de oferecer respaldo à proteção dos direitos humanos de indivíduos e grupos a partir de "fora" do Estado e de orientar e moldar a proteção dos direitos humanos nos planos domésticos.

A linha da internacionalização descreve como os desenvolvimentos internacionais em matéria de direitos humanos consolidaram um corpo normativo sistematizado por meio de instituições internacionais. A origem da proteção internacional dos direitos humanos costuma ser atribuída à adoção da Declaração Universal de Direitos Humanos. Esse documento é, geralmente, indicado como marco inaugural porque veicula a ideia de proteção internacional universal e institucionalizada dos direitos humanos. Contudo, os fatos históricos apontam que esse não foi exatamente o primeiro documento internacional a abordar o tema dos direitos humanos ou a oferecer uma perspectiva universal e sistematizada no assunto. Antes mesmo da adoção da Declaração Universal dos Direitos humanos, em 1948, o sistema internacional contava com instrumentos e órgãos internacionais para promoção de alguns direitos, como os tratados multilaterais de supressão ao tráfico de escravos durante o Congresso de Viena (1814-1815), os tratados internacionais de proteção às vítimas de conflitos armados nas Convenções de Genebra (1864-1949), o sistema internacional de proteção às minorias no âmbito da Liga das Nações e a proteção internacional dos direitos dos trabalhadores na Organização Internacional do Trabalho (1919). Em comum, essas normas internacionais de direitos humanos se caracterizam por promover uma proteção assistemática, que recobre direitos específicos, em determinadas situações. Ainda, como antecedentes da Declaração Universal dos Direitos Humanos figuram a própria Carta das Nações Unidas (1945) e a Declaração Americana de Direitos e Deveres do Homem, que foi o primeiro documento internacional a mencionar detalhadamente os direitos humanos.

A adoção corresponde a um dos períodos mais estudados na história do desenvolvimento internacional dos direitos humanos. Os estudos históricos sobre a origem da proteção internacional dos direitos humanos assumem uma característica descritiva quanto à preparação da Declaração Universal dos Direitos Humanos e os principais atores envolvidos nesse processo. Johannes Morsink, em *The Universal Declaration of Human Rights: Origins, Draft and Intent* (1999), relata artigo a artigo a história da preparação da Declaração Universal de Direitos Humanos, descrevendo os debates acerca dos conteúdos entre diplomatas e juristas, membros das delegações governamentais no âmbito do Comitê de Direitos Humanos da Organização das Nações unidas (ONU), organismo responsável pela preparação do documento. Os fatos históricos compilados nessa obra demonstram que a composição do Comitê de Direitos Humanos da ONU buscou refletir a diversidade de concepções políticas, culturais e religiosas entre 18 membros designados para representar a comunidade global, sendo presidido por Eleanor Roosevelt, dos Estados Unidos. O autor discorre sobre as dificuldades inerentes a esse processo de preparação e negociação da Declaração Universal de Direitos Humanos, que levou dois anos para ser concluído, culminando na aprovação por unanimidade, com apenas 8 abstenções, dentre os 56 Estados-membros que compunham a ONU em 1948.

Um ponto de destaque, mas pouco difundido na história dos desenvolvimentos internacionais em matéria de direitos humanos, é a influência de contribuições diversas à proteção internacional dos direitos humanos. Kathryn Sikkink, em *Evidence for Hope* (2017), destaca que, ao contrário do imaginário comum a respeito das origens ocidentais da proteção internacional dos direitos humanos, foram as contribuições do Sul Global que asseguraram os direitos humanos como linguagem e como instrumentos normativos internacionais. Para a autora, os protagonistas desse momento particular da história dos direitos humanos foram grupos menos poderosos (Estados latino-americanos, outros pequenos Estados, organizações não governamentais e mulheres) que lideraram os esforços para persuadir Estados mais poderosos a dar um primeiro passo e incorporar os direitos humanos nas instituições internacionais do pós-Segunda Guerra Mundial. O argumento de que a construção da proteção internacional dos direitos humanos dependeu da liderança do Sul Global também se replica para os esforços subsequentes em estabelecer tratados internacionais de direitos humanos durante a Guerra Fria. Como a Declaração Universal de Direitos Humanos foi um primeiro passo importante para reconhecer direitos, o caminho subsequente indicava a necessidade de firmar obrigações internacionais de direitos humanos entre os Estados. Esse caminho, contudo, seria longo e tortuoso, uma vez que a institucionalização, o tratamento e as prioridades dadas aos direitos humanos na ONU passaram a variar conforme os constrangimentos estruturais da política internacional durante a Guerra Fria.

Os estudos históricos sobre o desenvolvimento da proteção internacional dos direitos humanos concentram-se nos obstáculos colocados pelas circunstâncias da Guerra Fria e nos principais atores envolvidos nas articulações políticas no período. Roland Burke, em *Decolonization and the Evolution of International Human Rights* (2013), demonstra que a descolonização foi a influência mais poderosa sobre o projeto de direitos humanos do período. Nos principais debates de direitos humanos posteriores à adoção da Declaração Universal de Direitos Humanos, verifica-se que delegações árabes, africanas e asiáticas tiveram papel crucial em assumir a liderança nos processos de institucionalização internacional dos direitos humanos. Em 1965, líderes asiáticos e africanos conduziram o processo de adoção da Convenção sobre a Eliminação de todas as formas de Discriminação Racial, o segundo maior tratado internacional de direitos humanos à época. Em 1966, após proposta da Índia, reforçada pelo Movimento dos Estados Não Alinhados, a ideia inicial de um único tratado internacional de direitos humanos foi abandonada e substituída pela divisão da proteção internacional dos direitos humanos entre dois tratados internacionais, o Pacto Internacional dos Direitos Econômicos, Sociais e Culturais e o Pacto Internacional dos Direitos Civis e Políticos. Em 1968, a Primeira Conferência de Direitos Humanos foi realizada em Teerã, sinalizando o começo de uma agenda legal dos direitos humanos na ONU. Portanto, mais uma vez na história, foram as contribuições do Sul Global que garantiram o desenvolvimento da proteção internacional dos direitos humanos.

Os desenvolvimentos internacionais de direitos humanos ao final da Guerra Fria sinalizaram um período de reafirmação de direitos e de novos entendimentos históricos quanto à proteção internacional de direitos humanos. De 1965 a 2007, sete Convenções Internacionais de Direitos Humanos foram adotadas pela Assembleia Geral da ONU, versando sobre proteção de grupos vulneráveis (mulheres, crianças, deficientes), categorias (trabalhadores, minorias) e violências (tortura, discriminação). Além da expansão dos direitos humanos por meio de tratados e convenções internacionais, a partir da década de 1970 começaram a emergir movimentos sociais e organizações não governamentais que, ao se apropriar da linguagem dos direitos humanos, passaram a ativar as normas e instituições internacionais como forma de reivindicar direitos e obrigações estatais desde o plano internacional. Samuel Moyn, em *The Last Utopia* (2010), defende a realocação do marco histórico de surgimento da proteção internacional dos direitos humanos para esse momento, quando os direitos humanos passaram a fazer sentido e influenciar as ideias de um grande número de pessoas ao redor do globo. Para o autor, a noção de proteção internacional dos direitos humanos somente é apropriada após 1968, quando as ideias de direitos humanos passaram a conduzir ações em uma nova direção, legitimando uma visão moral no mundo, nacional e internacionalmente.

Mesmo assumindo pontos relativamente fixos na história da política internacional, como a adoção de documentos internacionais de direitos humanos, a linha da internacionalização dos direitos humanos conta com elaborações intelectuais diversificadas. Os estudos apontados nesta seção mostram que a história da proteção internacional dos direitos humanos pode ser construída a partir de diferentes pontos de partida (adoção da Declaração Universal dos Direitos Humanos ou outros documentos) e assumir diferentes perspectivas (perspectiva das normas legais expressas, perspectiva do Sul Global, perspectiva dos movimentos transnacionais, entre outras). Nesse sentido, a linha da internacionalização reconhece que o exercício de traçar conexões entre eventos de direitos humanos e seus respectivos impactos sobre a ordem internacional é uma tarefa complexa, que depende da identificação de múltiplas influências no processo de construção da proteção internacional dos direitos humanos. Por essa razão, a linha da internacionalização dos direitos humanos tem se relacionado mais recentemente com empreitadas historiográficas mais abertas, que comportam diversidade e colaboração ao redor do globo, no intuito de promover novos olhares para a história dos direitos humanos.

PRINCIPAIS CONTROVÉRSIAS HISTÓRICAS SOBRE OS DIREITOS HUMANOS NA POLÍTICA INTERNACIONAL

As principais controvérsias sobre os direitos humanos presentes na política internacional revelam pontos de conexão entre passado e presente. A repercussão duradoura de algumas dessas controvérsias se dá em razão das contínuas discussões e debates nos níveis nacional, regional e internacional a respeito dos direitos humanos, dos valores comuns à proteção da humanidade e da realização dos direitos humanos entre diferentes culturas, sociedades e circunstâncias. As principais controvérsias históricas sobre os direitos humanos se concentram na questão da origem, do alcance e da realização. Em conjunto, essas controvérsias evidenciam que os sucessivos questionamentos em relação à ideia de direitos humanos universais, indivisíveis e interdependentes fazem parte do próprio processo constitutivo e de aprimoramento da proteção internacional dos direitos humanos.

A controvérsia relacionada à origem questiona a validade da proteção internacional dos direitos humanos erigida a partir de noções ocidentais de direitos humanos. Essa crítica se baseia no argumento de que os direitos humanos ocidentais, servindo de molde à proteção internacional dos direitos humanos, constituiriam uma particularidade local, posteriormente instrumentalizada como nova forma de imperialismo ou uma continuidade do colonialismo ocidental sobre as outras partes do globo. Para Jack Donnelly, em *Universal Human Rights in Theory and Practice* (2003), a questão da origem dos direitos humanos não diz nada sobre aplicabilidade, relevância, adequação ou valor das ideias, valores e práticas de direitos humanos. Valendo-se de analogias básicas quanto às descobertas e amplas difusões de tecnologias, ideias e práticas ao redor do mundo – como a invenção da pólvora na China, dos numerais arábicos no Oriente, da ioga na Índia e da provável origem dos seres humanos na África –, o autor afasta o argumento de que descobertas e desenvolvimentos iniciais tenham aplicação exclusiva sobre os locais de origem. Assim como outras ideias de origem europeia que se replicaram ao redor do mundo, como a noção de Estados modernos ou de humanidade, os direitos humanos não têm aplicação, validade ou reconhecimento meramente local. Para Donnelly, a análise genealógica dos direitos humanos é importante para entender como as ideias e práticas contemporâneas vieram a ser construídas, oferecendo *insights* para se pensarem limites a práticas dominantes e necessidades de mudanças na proteção internacional dos direitos humanos. Contudo, o autor destaca que a noção de direitos humanos é muito importante para ser rejeitada ou aceita somente com base nas suas origens, enquanto contingência histórica; havendo necessidade de argumentos substantivos para sustentar tal questionamento.

A controvérsia relacionada ao alcance dos direitos humanos parte do questionamento substantivo quanto à aplicação universal da proteção internacional dos direitos humanos em diferentes culturas e sociedades. Essa controvérsia é representada pela clivagem entre universalismo *vs.* relativismo cultural, em que de um lado defende-se a aplicabilidade geral dos direitos humanos entre as diversidades políticas, culturais e sociais presentes no mundo e, de outro lado, sustenta-se a excepcionalidade de particularismos locais de determinadas culturas ou práticas, aparentemente antitéticas aos direitos humanos. O ceticismo quanto a universalidade dos direitos humanos foi repetidamente expressado em diversos momentos da política internacional, desde antes da adoção da Declaração Universal dos Direitos Humanos, perpassando os debates nas Conferências Internacionais de Direitos Humanos, em Teerã, em 1968, e em Viena, em 1993. Durante muito tempo, os questionamentos quanto a universalidade dos direitos humanos representaram o maior obstáculo à sua implementação. Apesar de essa controvérsia não ter sido colocada totalmente de lado na política internacional, as discussões internacionais sobre como a proteção internacional dos direitos humanos se relaciona com culturas específicas evoluíram na direção de formar importantes consensos, principalmente após a Conferência Mundial de Direitos Humanos de Viena. Atualmente a questão da universalidade dos direitos humanos não é mais discutida em termos absolutos como no passado, assumindo contornos mais dialógicos sobre como esses direitos devem ser interpretados e balanceados visando à sua aplicação justa em tradições e culturas locais.

Por fim, a controvérsia relacionada à realização dos direitos humanos se refere aos desafios enfrentados pelos Estados para implementar os direitos humanos internacionalmente reconhecidos. A Declaração Universal dos Direitos Humanos consolidou um modelo holístico de proteção internacional desses direitos. Ocorre que esse modelo abrangente foi constantemente desafiado em determinados momentos da política internacional, especialmente durante o período da Guerra Fria, quando a articulação seletiva de direitos humanos pelos blocos liderados por Estados Unidos e União Soviética promoveram rupturas duradouras também nesse tema. Um dos legados da política internacional de direitos humanos da Guerra Fria foi a rendição do projeto original da comunidade internacional de se criar uma convenção internacional dos direitos humanos que vinculasse os Estados à totalidade de obrigações internacionais de direitos humanos. Em lugar desse projeto, o resultado politicamente possível foi a adoção de duas convenções internacionais de direitos humanos, uma versando sobre direitos civis e políticos e outra sobre direitos econômicos, sociais e culturais.

A dualidade de convenções internacionais para tratar de matéria geral de direitos humanos consolidou uma estrutura normativa internacional fragmentada. Essa fragmentação favoreceu a vinculação seletiva dos Estados a apenas parte das obrigações internacionais de direitos humanos. Além disso, a fragmentação de normas gerais alimentou uma percepção equivocada quanto à possibilidade de realização parcial das obrigações internacionais de direitos humanos. A visão atomizada, ainda recorrente nos meios políticos e acadêmicos, induziu à falsa noção de que direitos civis e políticos seriam mais facilmente realizáveis e exigíveis do que direitos econômicos, sociais e culturais, isso porque os primeiros demandariam dos Estados apenas abstenções (também denominadas prestações negativas), como não torturar, não executar, não reprimir; enquanto os últimos exigiriam dos Estados ações (também denominadas prestações positivas), como investimentos em saúde, educação e bem-estar social. De acordo com Lindgren Alves, em *Os direitos humanos como tema global* (2003), essa premissa equivocada levou à conclusões falaciosas sobre a proteção internacional dos direitos humanos, em que os direitos civis e políticos seriam de aplicação e exigência imediata, a critério da vontade de governos e independentemente de esforços e investimentos; enquanto os direitos econômicos, sociais e culturais seriam de realização progressiva, envolvendo custos substantivos e não podendo ser monitorados ou judicialmente cobrados. Atualmente, esses argumentos encontram-se superados pelo desenvolvimento de sucessivos entendimentos doutrinários e jurisprudenciais, os quais reconhecem que todos os direitos humanos demandam prestações positivas e negativas simultaneamente, sendo igualmente exigíveis e judicialmente acionáveis.

As principais controvérsias históricas sobre os direitos humanos permanecem nos debates e discussões internacionais, apesar de mitigadas pelo acréscimo de novas visões históricas, culturais e legais em matéria de direitos humanos. No campo da História, as perspectivas de história global têm recuperado evidências em diversas regiões do mundo a respeito das contribuições particulares desses espaços e tradições à proteção internacional dos direitos humanos, reforçando a ideia de que a proteção internacional dos direitos humanos é resultado de empreendimentos diversos e verdadeiramente globais. No campo da Antropologia, os estudos mais recentes têm se afastado de noções imutáveis de cultura, assumindo perspectivas mais abertas, dinâmicas e dialógicas, em que os direitos humanos são integrados aos desenvolvimentos culturais dos povos. No campo do Direito, os avanços doutrinários e jurisprudenciais têm reforçado as características da universalidade, indivisibilidade e interdependência dos direitos humanos. Em conjunto, esses desdobramentos recentes conseguiram moderar as principais controvérsias históricas sobre os direitos humanos.

Como se estrutura a proteção internacional dos direitos humanos?

A proteção internacional dos direitos humanos encontra-se sistematizada a partir de normas, estruturas e mecanismos que visam garantir a sua realização. Nas Relações Internacionais, a proteção internacional de direitos humanos pode ser correlacionada aos conceitos de regime internacional e governança global. A aplicação do conceito de regime internacional à proteção internacional dos direitos humanos captura e privilegia parte das dinâmicas em matéria de direitos humanos, em especial, as que reforçam o papel governamental. De outro lado, a aplicação da concepção de governança global aos direitos humanos expande o espectro das dinâmicas internacionais de direitos humanos para incorporar a influência de outros atores e formas distintas de poder que sustentam a proteção dos humanos ao redor do globo.

SISTEMAS INTERNACIONAIS DE DIREITOS HUMANOS

A consolidação da proteção dos direitos humanos em sistemas internacionais se desenvolveu progressivamente. A responsabilidade da sociedade internacional de proteger o direito de todos foi sucessivamente afirmada com a adoção de documentos internacionais, desde a primeira menção ao termo "direitos humanos" na Carta das Nações Unidas. Nesse caminho, a proteção internacional dos direitos humanos organizou-se por meio de sistemas internacionais, que correspondem ao conjunto de normas, estruturas e mecanismos em torno dos quais as dinâmicas da política internacional em matéria de direitos humanos se desenvolvem.

Os marcos de proteção internacional de direitos humanos, geralmente, partem de arranjos intergovernamentais no âmbito de organizações internacionais. No seio dessas organizações, são desenvolvidas normas, estruturas e mecanismos que compõem sistemas especializados em matéria de direitos humanos. No âmbito da Organização das Nações Unidas, estabeleceu-se um dos eixos de proteção internacional dos direitos humanos, com alcance sobre todos os Estados-membros da ONU. Um segundo eixo de proteção dos direitos humanos estabeleceu-se no âmbito de organizações regionais, com alcance reduzido aos Estados de uma determinada região do mundo. Esses dois eixos, complementares e interdependentes, conformam a proteção internacional dos direitos humanos.

No eixo internacional, a proteção dos direitos humanos no âmbito da Organização das Nações Unidas encontra fundamento na Carta das Nações Unidas de 1945. Esse documento, que deu origem à própria organização internacional, estabeleceu, para si e para todos os Estados-membros, o objetivo de promover o respeito universal e encorajar a realização dos direitos humanos. Ao estabelecer a linguagem dos direitos humanos como válida na política internacional, a Carta da ONU ofereceu base para diversos desenvolvimentos subsequentes de proteção internacional dos direitos humanos. Ao longo do tempo, a ONU consolidou-se como um sistema para lidar com os direitos humanos (Sistema ONU), além de estabelecer um sistema especializado na matéria (Sistema Universal de Direitos Humanos), ambos com alcance sobre todos os Estados-membros da organização internacional. Portanto, o Sistema ONU e o Sistema Universal de Direitos Humanos são termos que se referem a arranjos institucionais distintos, porém complementares e interligados. Enquanto o Sistema ONU se refere à realização de objetivos de direitos humanos dentro do próprio complexo de normas, órgãos, agências que estruturam a organização internacional, o Sistema Universal de Direitos Humanos representa o braço institucional da ONU especializado na temática dos direitos humanos, contando com normas, organismos e mecanismos específicos. Assim, a preocupação com os direitos humanos perpassa transversalmente todo o Sistema ONU. Por exemplo, no Sistema ONU, questões de direitos humanos são debatidas na Terceira Comissão da Assembleia Geral; resoluções acerca de intervenções armadas humanitárias passam por deliberação no Conselho de Segurança; e programas internacionais de direitos humanos são implementados por diversos órgão, agências e programas, como o Fundo Emergencial Internacional das Nações Unidas para a Infância (Unicef), a Organização das Nações Unidas para Educação, Ciência e Cultura (Unesco), o Programa das Nações Unidas para o Desenvolvimento (PNUD), a Organização Mundial da Saúde (OMS) e a Organização Internacional do Trabalho (OIT).

O Sistema Universal de Direitos Humanos operacionaliza, direta e exclusivamente, os objetivos de direitos humanos firmados no âmbito da Organização das Nações Unidas. Esse sistema especializado encontra-se organizado a partir de: um conjunto normativo geral, de onde derivam a estrutura institucional geral de órgãos, procedimentos e mecanismos gerais de direitos humanos; e de um conjunto normativo específico, de onde derivam organismos, procedimentos e mecanismos específicos a determinados grupos, categorias de direitos e violações de direitos humanos. Essa organização pode ser resumida como mostra o quadro a seguir:

Quadro 3 – Sistema Universal de Direitos Humanos

SUDH	Geral	Específico
Conjunto normativo	Carta Internacional dos Direitos Humanos	Instrumentos Internacionais de Direitos Humanos
	Declaração Universal dos Direitos Humanos (1948) Pacto Internacional dos Direitos Civis e Políticos (1966) Pacto Internacional dos Direitos Econômicos, Sociais e Culturais (1966)	Convenção para a Eliminação da Discriminação Racial (1965) Pacto Internacional dos Direitos Civis e Políticos (1966) Pacto Internacional dos Direitos Econômicos, Sociais e Culturais (1966) Convenção para a Eliminação da Discriminação contra a Mulher (1979) Convenção Contra a Tortura (1984) Convenção dos Direitos da Criança (1989) Convenção para Proteção dos Trabalhadores Migrantes (1990) Convenção contra o Desaparecimento Forçado (2006) Convenção dos Direitos das Pessoas com Deficiência (2007)
Estrutura institucional	Conselho de Direitos Humanos Alto Comissariado de Direitos Humanos	Comitê de Direitos Humanos Comitê dos Direitos Econômicos, Sociais e Culturais Comitê para a Eliminação da Discriminação Racial Comitê para a Eliminação da Discriminação contra a Mulher Comitê dos Direitos da Criança Comitê contra a Tortura Comitê para Proteção dos Trabalhadores Migrantes Comitê sobre os Direitos das Pessoas com Deficiência Comitê contra o Desaparecimento Forçado

Mecanismos	Mecanismos Não Convencionais	Mecanismos Convencionais
	Procedimentos do Conselho de Direitos Humanos (procedimento de denúncia, mecanismos de país e mecanismos temáticos) Revisão Periódica Universal Procedimentos do Alto Comissariado das Nações Unidas para os Direitos Humanos	Procedimentos dos Comitês

Fonte: Elaborado pela autora, com base nos dados disponibilizados pelo Escritório do Alto Comissariado das Nações Unidas para os Direitos Humanos.

O conjunto normativo geral do Sistema Universal de Direitos Humanos corresponde à Carta Internacional de Direitos Humanos. Essa Carta corresponde ao núcleo da proteção internacional dos direitos humanos, que reúne três documentos fundamentais: a Declaração Universal dos Direitos Humanos (1948), o Pacto Internacional dos Direitos Civis e Políticos (1966) e o Pacto Internacional dos Direitos Econômicos, Sociais e Culturais (1966). Desse conjunto normativo geral deriva a estrutura institucional geral do Sistema Universal de Direitos Humanos.

A estrutura institucional geral do Sistema Universal de Direitos Humanos conta com dois órgãos principais: o Conselho de Direitos Humanos e o Alto Comissariado das Nações Unidas para os Direitos Humanos. O Conselho de Direitos Humanos é o órgão composto de representantes governamentais, responsável por definir parâmetros universais e monitorar a observância dos Estados às normas e compromissos internacionais de direitos humanos. Criado em 2006, o Conselho de Direitos Humanos substituiu e assumiu as funções da Comissão de Direitos Humanos, primeiro órgão do Sistema Universal de Direitos Humanos, estabelecido em 1946. Foi nesse órgão antecedente que a Declaração Universal de Direitos Humanos e os primeiros mecanismos do Sistema Universal de Direitos Humanos foram elaborados. A história do funcionamento da Comissão de Direitos Humanos revela que, por um longo período, o órgão evitou apreciar denúncias individuais de violações de direitos humanos por entender que seu mandato se limitava à situação geral de direitos humanos no mundo. Esse posicionamento se reverteu ao final da década de 1960, quando a Comissão de Direitos Humanos decidiu destacar grupos de trabalho para examinar a situação das políticas de *apartheid* da África do Sul, dos territórios palestinos ocupados por Israel e das sistemáticas violações de direitos humanos perpetradas durante a ditadura militar no Chile. O movimento de instaurar grupos de trabalho dá origem aos procedimentos especiais, que correspondem aos atos conduzidos por especialistas independentes, relatores ou enviados especiais com a finalidade de relatar situações particulares e fazer recomendações em matéria de direitos humanos. Os procedimentos especiais, quando aplicados à situação particular de um Estado, são denominados mecanismos específicos de país e, quando aplicados a situações observadas simultaneamente em vários Estados, são denominados mecanismos temáticos. Atualmente, encontram-se em funcionamento 12 mecanismos específicos de país e 44 mecanismos temáticos no Conselho de Direitos Humanos.

A criação do Conselho de Direitos Humanos promoveu diversas modificações incrementais ao órgão de direitos humanos da ONU.

Com os desgastes políticos decorrentes do acúmulo de críticas quanto à seletividade, ineficiência e politização da Comissão de Direitos humanos, a substituição desse órgão pelo Conselho de Direitos Humanos suscitou alterações institucionais, como a distribuição de assentos proporcionais por região, a elevação do *status* a órgão subsidiário da Assembleia Geral da ONU e a extensão do período de funcionamento do órgão. Essa transição também impulsionou a renovação de procedimentos, formalizando o sistema de denúncias, além de trazer inovações, como o mecanismo da Revisão Periódica Universal. O mecanismo da Revisão Periódica Universal consiste em um processo de revisões, conduzidos pelos Estados no Conselho de Direitos Humanos, com periodicidade regular de quatro anos, para observar a situação de direitos humanos nos países e monitorar o cumprimento das obrigações internacionais de direitos humanos. A Revisão Periódica Universal é conduzida por um grupo de trabalho do Conselho de Direitos Humanos, que compila informações de um determinado Estado a partir de três fontes: o relatório nacional, preparado pelo próprio Estado revisado; uma compilação das decisões, observações e recomendações feitas por especialistas independentes da ONU; e uma compilação dos relatórios de ONGs, preparado pelo Alto Comissariado das Nações Unidas para os Direitos Humanos. A Revisão culmina na elaboração de um relatório final, contendo recomendações não vinculantes ao Estado revisado. O Brasil desempenhou papel ativo na criação do mecanismo de Revisão Periódica Universal, tendo sido o principal proponente da ideia de construção coletiva, transparente e não seletiva de relatórios periódicos sobre a situação e os desafios de direitos humanos comuns a todos os Estados-membros da ONU.

O segundo órgão geral do Sistema Universal de Direitos Humanos é o Alto Comissariado das Nações Unidas para os Direitos Humanos. Esse órgão corresponde a uma espécie de coordenadoria geral em matéria dos direitos humanos na ONU. Estabelecido durante a Conferência de Viena dos Direitos Humanos de 1993, quase 50 anos após a criação da organização internacional, o Alto Comissariado das Nações Unidas para os Direitos Humanos é responsável por afirmar a liderança de direitos humanos na organização internacional. Por essa razão, uma das atribuições esperadas do Alto Comissário da ONU para os Direitos Humanos é o pronunciamento firme e objetivo sobre as violações de direitos humanos ao redor do globo. O brasileiro Sérgio Viera de Mello, diplomata das Nações Unidas que se dedicou por anos a projetos de manutenção da paz e operações humanitárias, foi indicado ao posto de Alto Comissário dos Direitos Humanos em 2002, servindo um ano e meio nessa posição, quando tirou uma licença temporária para servir como Representante Especial do Secretário-Geral das Nações Unidas no Iraque, onde morreu em um ataque à sede da entidade em Bagdá. A posição de Alto Comissário das Nações Unidas para os Direitos Humanos se caracteriza pela versatilidade de funções, exercidas por meio de assistência técnica e desenvolvimento de capacidades, próximo a governos para auxiliar e cobrar cumprimento das obrigações em matéria de direitos humanos e também junto a indivíduos no apoio à reivindicação de direitos.

A gradual adoção de tratados e convenções internacionais de direitos humanos no âmbito das Nações Unidas tornou possível o desenvolvimento de proteções específicas de direitos humanos. A proteção específica de direitos humanos visa à proteção de grupos, categorias de direitos e o resguardo contra graves violações de direitos humanos, com alcance limitado aos Estados-parte dessas normas. O conjunto normativo específico do Sistema Universal de Direitos Humanos corresponde aos Instrumentos Internacionais de Direitos Humanos, que reúnem diversos documentos, sendo os fundamentais: o Pacto Internacional dos Direitos Civis e Políticos (1966), o Pacto Internacional dos Direitos Econômicos, Sociais e Culturais (1966) e mais nove convenções internacionais e seus protocolos adicionais. Desse conjunto normativo específico deriva a estrutura institucional específica do Sistema Universal de Direitos Humanos, organizada a partir dos comitês e seus respectivos mecanismos.

Os mecanismos derivados das convenções internacionais, denominados mecanismos convencionais, reúnem especialistas independentes para monitorar a concretização de direitos humanos e, em alguns casos processar denúncias individuais contra Estados-parte. Atualmente, há nove comitês: Comitê para Eliminação da Discriminação Racial, Comitê para os Trabalhadores Migrantes, Comitê para os Desaparecimentos Forçados, Comitê para os Direitos Econômicos, Sociais e Culturais, Comitê de Direitos Humanos, Comitê para Eliminação da Discriminação contra a Mulher, Comitê contra a Tortura, Comitê para os Direitos da Criança, Comitê para os Direitos das Pessoas com Deficiência, sendo os seis últimos investidos de capacidade para receber e processar denúncias individuais, apenas contra os Estados que são parte das respectivas convenções internacionais.

O ímpeto reconstrutor que, ao final da Segunda Guerra Mundial, deu ensejo à estruturação do Sistema de Universal de Direitos Humanos se replicou, paralelamente, sobre algumas regiões do globo. Ao longo do tempo, esses desenvolvimentos de escopo regionalizado conformaram sistemas regionais de direitos humanos, complementares ao Sistema Universal de Direitos Humanos e vinculados ao Sistema ONU em função do objetivo comum de respeitar e promover os direitos humanos. A concepção de sistemas regionais de direitos humanos parte do pressuposto de que possíveis semelhanças entre um número limitado de Estados em uma dada região otimizariam a interpretação e a aplicação das normas universais às especificidades locais, promovendo impacto mais direto e eficaz sobre os Estados. A construção dos regimes regionais de direitos humanos, no entanto, também se justificou em termos mais pragmáticos. Dados os constrangimentos da Guerra Fria, que praticamente paralisaram avanços em matéria de direitos humanos no âmbito nas Nações Unidas, o desenvolvimento de sistemas regionais de direitos humanos se apresentou como solução para dar continuidade aos desenvolvimentos internacionais de proteção aos direitos humanos.

De forma análoga à estruturação do Sistema Universal de Direitos Humanos, os sistemas regionais de direitos humanos foram concebidos com base em organizações internacionais de escopo regional, consolidando-se nas Américas, na África e na Europa. Apesar de Ásia e Oriente Médio não contarem com sistemas regionais de direitos humanos propriamente ditos, seria precipitado considerar esses espaços como vácuos de direitos humanos no mundo. Existem desenvolvimentos incipientes nessas regiões que não podem ser desconsiderados, dada a própria característica de construção lenta e progressiva dos direitos humanos no plano internacional. Passa-se agora à descrição do desenvolvimento de proteção de direitos humanos em cada uma dessas regiões.

Américas

O Sistema Interamericano de Direitos Humanos corresponde ao sistema regional desenvolvido no âmbito da Organização dos Estados Americanos (OEA). Com alcance sobre 35 Estados das Américas Latina, Central e do Norte, o objetivo principal desse sistema regional consiste em interpretar e adaptar os padrões internacionais de direitos humanos às realidades e especificidades das Américas. Esse sistema regional encontrou um contexto inicialmente favorável aos direitos humanos, formando sua base normativa a partir da Carta da OEA (1948), que contava com previsões específicas sobre os direitos humanos e da Declaração Americana de Direitos e Deveres do Homem (1948), que foi o primeiro instrumento internacional de direitos humanos adotado no mundo, antecedendo até mesmo a Declaração Universal de Direitos Humanos.

A base normativa do Sistema Interamericano de Direitos Humanos permitiu um desenvolvimento normativo e institucional sofisticado. Ela foi considerada inicialmente frágil por não estabelecer compromissos vinculantes em matéria de direitos humanos entre os Estados, mas apesar dessa limitação, com o passar do tempo, as normas interamericanas de direitos humanos foram constituindo uma compilação diversificada e abrangente, versando sobre temas como tortura, pena de morte, direitos econômicos, sociais e culturais, desaparecimento forçado, violência contra a mulher, pessoas portadoras de deficiência, discriminação racial, democracia, entre outros.

O Sistema Interamericano de Direitos Humanos se estrutura por meio de dois órgãos principais: a Comissão e a Corte Interamericana de Direitos Humanos. O primeiro órgão estabelecido no Sistema Interamericano de Direitos Humanos foi a Comissão Interamericana de Direitos Humanos, criada por meio da Resolução VIII de 1959, da Organização dos Estados Americanos. A Comissão Interamericana de Direitos Humanos, sediada em Washington, D.C., nos Estados Unidos, recebeu atribuição originária limitada à elaboração de estudos sobre as condições de direitos humanos nos Estados. Todavia, o apelo normativo do órgão logo alcançou públicos domésticos, à medida que passaram a ser divulgadas as atividades do órgão de registrar e documentar violações estatais de direitos humanos. Pouco tempo depois, a Comissão Interamericana de Direitos Humanos criou um procedimento para "tomar conhecimento" das denúncias individuais, o qual, mais tarde, se transformou no procedimento interamericano de casos contenciosos, quando o sistema regional evoluiu para um sistema protetivo.

O projeto de instituição de uma corte regional implicou a transformação do Sistema Interamericano de Direitos Humanos de um sistema promocional em um sistema protetivo – sistemas protetivos possuem capacidade de tomar decisões vinculantes. No Sistema Interamericano de Direitos Humanos essa transformação decorreu de um importante incremento no conjunto normativo: a aprovação da Convenção Americana de Direitos Humanos, em 1969. Esse documento foi considerado o instrumento de direitos humanos mais ambicioso já desenvolvido por um sistema internacional de direitos humanos, pois ampliou a proteção sobre direitos, ao mesmo tempo que previu a criação de uma corte regional de direitos humanos. A Convenção Americana de Direitos Humanos entrou em vigência em 1978 e, dez anos mais tarde, instituiu-se a Corte Interamericana de Direitos Humanos, sediada em San José, na Costa Rica. O *design* institucional final do Sistema

Interamericano de Direitos Humanos se firmou em torno de dois órgãos, a Comissão Interamericana de Direitos Humanos e a Corte Interamericana de Direitos Humanos, ambos encarregados de realizar atividades promocionais e protetivas de direitos humanos. Enquanto a Corte Interamericana cumpre a função de órgão judicial do Sistema Interamericano de Direitos Humanos, investida de poderes para tomar decisões de caráter vinculante, a Comissão Interamericana de Direitos Humanos constitui um órgão *quasi judicial*, com poderes para tomar decisões de natureza recomendatória.

As atividades da Comissão Interamericana de Direitos Humanos envolvem o monitoramento da situação de direitos humanos nos Estados. O monitoramento interamericano ocorre por meio de relatórios estatais e temáticos, realização de visitas *in loco*, emissão de medidas cautelares e uma série de atividades de difusão dos direitos humanos pela região. A Comissão Interamericana também participa do procedimento contencioso da Corte Interamericana de Direitos Humanos, tomando parte do processamento de casos contenciosos como canal de acesso às denúncias e comunicações acerca de violações de direitos humanos. Além disso, nesse procedimento, o órgão realiza apurações, firma soluções amistosas e emite recomendações finais aos Estados.

A Corte Interamericana de Direitos Humanos tem como função típica as atividades protetivas. As atividades protetivas ou jurisdicionais envolvem a competência contenciosa (julgamento e responsabilização) e consultiva (interpretação e orientação) sobre todo o repertório normativo interamericano. Outras funções da Corte Interamericana de Direitos Humanos envolvem o monitoramento das suas decisões, emissão de medidas cautelares e a realização de atividades promocionais, como conferências, *workshops* e publicação de revistas especializadas na jurisprudência internacional de direitos humanos.

A participação dos Estados no Sistema Interamericano de Direitos Humanos varia conforme a adoção dos instrumentos normativos. Na prática, o Sistema Interamericano de Direitos Humanos faculta aos Estados da região três modalidades de participação: a participação no regime elementar, quando os Estados adotam somente a Carta da OEA e Declaração Americana de Direitos e Deveres do Homem; a participação no regime promocional, quando adotam as normas elementares e Convenção Interamericana de Direitos Humanos, sem aceitação da jurisdição da Corte Interamericana de Direitos Humanos; e participação no regime promocional e protetivo, quando os Estados adotam as normas elementares e Convenção Americana de Direitos Humanos, com aceitação da jurisdição da Corte Interamericana de Direitos Humanos. Essas diferentes modalidades de participação garantem que os diversos Estados que compõem o Sistema Interamericano de Direitos Humanos se mantenham, ao menos formalmente, vinculados de alguma forma aos compromissos regionais de direitos humanos, sendo que a maior parte dos Estados da região participa integralmente do Sistema Interamericano de Direitos Humanos, em ambos os regimes promocional e protetivo.

O Sistema Interamericano de Direitos Humanos é o único sistema de direitos humanos de alcance hemisférico sobre as Américas. Contudo, existem outras institucionalidades em direitos humanos na região, no âmbito de organizações sub-regionais que têm, mais recentemente, ampliado seus escopos no sentido de integrar objetivos de direitos humanos. Um exemplo é o desenvolvimento do Instituto de Políticas Públicas em Direitos Humanos, criado no âmbito do Mercosul. O Instituto de Políticas Públicas em Direitos Humanos do Mersocul é uma institucionalidade ainda incipiente, mas, apesar disso, desenvolveu importantes iniciativas de direitos humanos no Cone Sul, como a Reunião de Altas Autoridades em Direitos Humanos e o Sistema de Monitoramento de Recomendações Internacionais, que pretende auxiliar os Estados do bloco a aprimorar os relatórios de direitos humanos a serem submetidos periodicamente à ONU. Destaca-se, por fim, que o Instituto de Políticas Públicas em Direitos Humanos interage com o Sistema Interamericano de Direitos Humanos por compartilhar objetivos comuns e, também, por acolher a participação das mesmas organizações da sociedade civil e comunidades epistêmicas atuantes na região.

Europa

O Sistema Europeu de Direitos Humanos corresponde ao sistema regional desenvolvido no âmbito de algumas organizações intergovernamentais europeias, alcançado a proteção dos direitos humanos sobre todos os Estados da região. O objetivo principal desse sistema consiste em interpretar e adaptar os padrões internacionais de direitos humanos às realidades e especificidades da Europa. A construção do Sistema Europeu de Direitos Humanos se deu em reação às atrocidades cometidas durante a Segunda Guerra Mundial. Após o conflito, a reconstrução da Europa alçou os direitos humanos a requisito necessário para uma nova ordem estável, pacífica e próspera entre os países da região. Quando já consolidado, no início dos anos 1990, o Sistema Europeu de Direitos Humanos passou por transformações e se desenvolveu sob o impulso do movimento de integração regional no âmbito da União Europeia. Além disso, paralelamente, objetivos de direitos humanos também foram incluídos na agenda de outras institucionalidades europeias, como a Organização para a Segurança e Cooperação na Europa. Os desenvolvimentos e as particularidades da região levaram o Sistema Europeu de Direitos Humanos a se organizar a partir de eixos estruturados em torno de três organizações europeias: o Conselho da Europa, a União Europeia e a Organização para a Segurança e Cooperação na Europa.

No âmbito do Conselho da Europa, a criação do Sistema Europeu de Direitos Humanos visa assegurar os objetivos da paz, da democracia e dos direitos humanos ao propósito de uma Europa unificada. A Carta do Conselho da Europa (1949) ofereceu base sólida para estruturar o sistema regional de direitos humanos, pois previa a possibilidade de sanções, como suspensão e exclusão de Estados-membros em caso de violações aos princípios de direitos humanos. Além disso, o Conselho da Europa vinculou a participação dos Estados na organização à ratificação da Convenção Europeia em Direitos Humanos e Liberdades Fundamentais (1949). As principais normas de proteção aos direitos humanos nesse eixo do Sistema Europeu de Direitos Humanos são: a Convenção Europeia de Direitos Humanos (1950), a Carta Social Europeia (1961, revisada em 1996), a Convenção Europeia para Prevenção à Tortura (1987) e a Convenção-Quadro para Proteção das Minorias Nacionais (1995). Os principais órgãos derivados desse conjunto normativo são: a Corte Europeia de Direitos Humanos, criada em 1959 e sediada em Estrasburgo, na França, de jurisdição obrigatória para os 47 Estados-membros do Conselho da Europa; e o Comissariado Europeu de Direitos Humanos, estabelecido em 1999, como órgão não judicial encarregado de atividades promocionais de direitos humanos.

No âmbito da União Europeia, o desenvolvimento do Sistema Europeu de Direitos Humanos encontra amparo normativo na Carta de Direitos Fundamentais da União Europeia, adotada no ano 2000. Esse documento cataloga os direitos humanos de forma análoga à Convenção Europeia de Direitos Humanos e na Carta Social Europeia do Conselho da Europa. A Carta de Direitos Fundamentais da União Europeia não previu a criação de órgãos ou mecanismos especiais de direitos humanos, optando por incrementar funções relacionadas aos direitos humanos aos órgãos próprios da União Europeia. Assim, a Corte de Justiça da União Europeia, apesar de não ser uma corte especializada em direitos humanos, é o órgão que responde pela matéria no âmbito da União Europeia. As atividades de natureza técnica, como estudos e pesquisas temáticas de direitos humanos são realizadas pela Agência da União Europeia para Direitos Fundamentais, que oferece conselho e assistência independente aos órgãos e instituições do bloco em matéria de direitos humanos.

No âmbito do Conselho da Organização para a Segurança e Cooperação na Europa, o desenvolvimento do Sistema Europeu de Direitos Humanos foi incrementado por uma série de compromissos vinculantes entre os Estados-parte. Os principais instrumentos do Conselho da Organização para a Segurança e Cooperação na Europa são o Documento de Copenhagen (1990) e o Documento de Moscou (1991), que preveem um catálogo de direitos humanos e liberdades fundamentais, com especial atenção às minorias nacionais. Os órgãos encarregados da temática dos direitos humanos no Conselho da Organização para a Segurança e Cooperação na Europa são o Escritório para Instituições Democráticas e Direitos Humanos (1991), o Alto Comissariado para Minorias Nacionais (1992) e o Representante do Conselho da Organização para a Segurança e Cooperação na Europa para Liberdade de Mídia (1997).

O Sistema Europeu de Direitos Humanos perfaz um sistema complexo, em que a proteção regional aos direitos humanos é reconhecida e estruturada em âmbitos intergovernamentais diversos. Esse desenvolvimento cumulativo de normas e estruturas europeias de proteção aos direitos humanos, apesar de constituir conquista inequívoca para a região, coloca a necessidade de coordenação entre arranjos institucionais distintos, sendo esse um desafio importante para garantia da proteção dos direitos humanos na região.

África

O Sistema Africano de Direitos Humanos corresponde ao sistema regional fundado na estrutura da Organização da Unidade Africana em 1981 e continuado no âmbito da União Africana a partir de 2002. Apesar de a União Africana abranger 54 Estados-membros, o alcance do Sistema Africano de Direitos Humanos sobre os Estados é relativo. Atualmente, pouco mais da metade participa do Sistema, sendo que, destes, um sexto se submete à jurisdição facultativa da Corte Africana de Direitos Humanos. Assim como os demais sistemas regionais, o Sistema Africano de Direitos Humanos cumpre o objetivo de interpretar e adaptar os padrões internacionais de direitos humanos às realidades e especificidades da África, como a descolonização, a autodeterminação dos povos e o respeito às tradições e diversidades culturais da região. Contudo, diferentemente dos sistemas regionais interamericano e europeu, o Sistema Africano de Direitos Humanos não partiu de um contexto inicialmente favorável aos direitos humanos no âmbito da Organização da Unidade Africana, onde, ao contrário, se supervalorizavam os princípios da soberania e não intervenção. Mudanças nesse paradigma somente aconteceram a partir da pressão da sociedade civil e da ONU para que a Organização da Unidade Africana firmasse uma concepção própria de direitos humanos, que refletisse as especificidades da região acerca dos direitos dos povos, do direito ao desenvolvimento e dos deveres individuais, pilares que amparam a tradição comunitária africana.

O Sistema Africano de Direitos Humanos conta com um conjunto normativo caracterizado pela combinação de normas gerais e específicas de direitos humanos. As principais normas do Sistema Africano de Direitos Humanos são: a Carta Africana dos Direitos Humanos e dos Povos (1981), também conhecida como Carta de Banjul, o Protocolo de Estabelecimento da Corte Africana (1998), a Carta Africana dos Direitos e Bem-Estar das Crianças (1999), o Protocolo das Mulheres Africanas (2003) e o Protocolo de Fusão da Corte Africana à Corte de Justiça da União Africana (2008). Esse conjunto normativo ofereceu estrutura para o estabelecimento de três órgãos especializados em direitos humanos: a Comissão Africana de Direitos Humanos, a Corte Africana de Direitos Humanos e o Comitê das Crianças Africanas.

A Comissão Africana de Direitos Humanos, criada em 1986 e sediada em Banjul, na Gâmbia, conta com mandato promocional e protetivo. Dentre as atividades desse órgão constam o exame de relatórios estatais e a apreciação de denúncias interestatais e individuais relativas a violações de direitos humanos. As decisões a Comissão Africana de Direitos Humanos possuem caráter recomendatório, além de dependerem do aval da Assembleia da União Africana para serem publicadas. Esse *design* institucional que condiciona atos dos órgãos do Sistema Africano de Direitos Humanos a órgão políticos da União Africana revela-se problemático para a independência da Comissão Africana de Direitos Humanos, uma vez que os Estados recomendados são os mesmos que votam na Assembleia da União Africana.

A Corte Africana de Direitos Humanos corresponde ao órgão judicial do Sistema Africano de Direitos Humanos. Prevista desde 1998, passou a funcionar a partir de 2007 em Arusha, na Tanzânia. Trata-se de um órgão investido de poderes para tomar decisões de caráter vinculante, realizando mandatos contencioso e consultivo. A Corte Africana de Direitos Humanos recebe denúncias individuais e interestatais de violações de direitos humanos contra os Estados que aceitam sua jurisdição, podendo ser acessada pela Comissão Africana de Direitos Humanos, pelos Estados-membros, pelas organizações intergovernamentais africanas e por indivíduos e Organizações Não Governamentais. O monitoramento das decisões da Corte Africana de Direitos Humanos é realizado dentro da estrutura política da União Africana, a partir do Mecanismo Africano de Revisão por Pares.

Por fim, o Comitê das Crianças Africanas corresponde ao órgão especializado do Sistema Africano de Direitos Humanos. Derivado da Carta Africana dos Direitos e Bem-Estar das Crianças, o órgão foi inaugurado em 2001 e encontra-se em funcionamento desde 2006. Esse comitê, formado por especialistas voluntários e independentes, possui mandato similar à Comissão Africana de Direitos Humanos, podendo examinar relatórios estatais, considerar denúncias individuais e interestatais e conduzir visitas locais, sendo que os relatórios e as decisões do Comitê seguem a mesma necessidade de apreciação da Assembleia da União Africana para publicação.

A transposição do Sistema Africano de Direitos Humanos para a estrutura da União Africana trouxe conquistas e desafios para a proteção de direitos humanos na região. Os direitos humanos foram alçados a objetivo institucional da organização regional e estabeleceu-se a hipótese de intervenção em caso de grave violação de direitos humanos, além de sanções econômicas e políticas em caso de descumprimento das decisões da União Africana em matéria de direitos humanos. Contudo, essa transição provocou uma modificação substancial no *design* original do Sistema Africano de Direitos Humanos. A adoção do Protocolo de Fusão entre a Corte Africana de Direitos

Humanos e a Corte de Justiça da União Africana prevê que o novo tribunal resultante dessa fusão não será uma corte regional de direitos humanos, mas uma corte genérica que contará com uma seção de direitos humanos, competente para receber casos relativos aos direitos humanos e dos povos. Em termos práticos, a Corte Africana de Direitos Humanos deixará de existir e os casos de violações de direitos humanos serão julgados pela denominada Corte Africana de Justiça e Direitos Humanos, quando o documento alcançar o número mínimo de ratificações para entrar em vigor.

O Sistema Africano de Direitos Humanos é o mais recente entre os sistemas regionais existentes, com atividades efetivamente iniciadas apenas a partir dos anos 2000. Por essa razão, esse sistema regional passa por desafios relativos à concretização dos compromissos regionais de direitos humanos, ao apoio limitado dos Estados aos órgãos africanos de direitos humanos e à própria integração do tema na estrutura e nas dinâmicas da União Africana.

Oriente Médio

A região do Oriente Médio não conta com um sistema regional de direitos humanos propriamente dito ou com parâmetros comparáveis aos estabelecidos nas Américas, Europa e África. A Liga dos Estados Árabes, estabelecida em 1945 e com alcance regional sobre 22 Estados, é considerada a organização intergovernamental que oferece maior potencial para o desenvolvimento dos direitos humanos na região. Essa organização não vislumbrou originalmente qualquer pretensão específica em relação aos direitos humanos. Da mesma forma, outros objetivos correlatos ao tema, como cultura, bem-estar social e saúde, apesar de presentes na Carta da Liga dos Estados Árabes, também não receberam enquadramento de direitos humanos. Sucessivas revisões desse documento, em 2004 e 2005, fracassaram em incluir referências aos direitos humanos, sob o entendimento consensual entre os Estados-membros de que os direitos humanos são assuntos domésticos, escapando à missão da organização intergovernamental.

A falta de lastro normativo para fixar objetivos de direitos humanos na Liga dos Estados Árabes não impediu que os órgãos políticos da organização discutissem questões sobre esses direitos. Aliás, um dos temas mais debatidos no âmbito da Liga dos Estados Árabes, sob a perspectiva dos direitos humanos e do direito humanitário, é o conflito árabe-israelense. Da mesma forma, a ausência da menção expressa aos direitos humanos na Carta da Liga dos Estados Árabes não impediu a criação da Comissão Árabe dos Direitos Humanos, em 1968, um comitê técnico permanente, formado por representantes governamentais, para debater e propor regras de cooperação regional no campo dos direitos humanos. A primeira tentativa de consolidar uma expressão normativa sobre o tema na Liga dos Estados Árabes foi a Carta Árabe dos Direitos Humanos, adotada em 1994. Esse documento, que nunca recebeu ratificações, foi duramente criticado, tanto pela forma como foi elaborado (por representantes governamentais e sem a participação da sociedade civil ou especialistas em direitos humanos), quanto pelo conteúdo versado, que se distanciava substancialmente dos parâmetros internacionais de direitos humanos. Em resposta às críticas recebidas, a Liga dos Estados Árabes adotou, em 2004, a versão revisada da Carta Árabe dos Direitos Humanos, em vigor desde 2008. Esse documento consolidou passos significativos no desenvolvimento da pauta no Oriente Médio, como a colaboração de um comitê de *experts*, informado por organizações não governamentais nacionais, regionais e internacionais durante a elaboração da versão revisada. Além disso, a Carta revisada reconheceu importantes direitos e assegurou a linguagem dos direitos humanos no âmbito da organização regional, além de estabelecer o Comitê Árabe dos Direitos Humanos, um órgão independente para monitoramento da situação de direitos humanos nos Estados, apto a receber relatórios de ONGs antes de considerar os relatórios estatais. Contudo, quando da aprovação final do documento, muitas das propostas foram vetadas ou alteradas pelo Conselho da Liga Árabe, com omissões (como a recusa em proibir tratamentos cruéis, desumanos e degradantes) e negações (como a falta de reconhecimento de direitos aos que não são considerados cidadãos árabes). Da mesma forma, a Carta Árabe dos Direitos Humanos é permissiva quanto à ampla regulação estatal de alguns direitos humanos, gerando descompassos entre as normas nacionais e internacionais. Por fim, a Carta não viabilizou a estruturação de mecanismos de denúncia individual, coletiva ou interestatal no âmbito do Comitê Árabe dos Direitos Humanos.

O tratamento dos direitos humanos na Liga dos Estados Árabes tem avançado, ainda que de forma lenta e assistemática, especialmente após o desencadeamento de ações nos Estados relacionadas à Primavera Árabe. Portanto, a região do Oriente Médio conta com alguns parâmetros normativos e mecanismos regionais em matéria de direitos humanos em estágio inicial. Contudo, esses órgãos especializados não possuem autonomia para dar continuidade aos desenvolvimentos institucionais necessários para transformar as normas e estruturas incipientes da região em um sistema árabe de direitos humanos.

Ásia

A tendência ao desenvolvimento de sistemas regionais de direitos humanos, observada em outras regiões do globo, não se replicou na Ásia por diversos motivos de ordem geopolítica, cultural e histórica. A diversidade entre os Estados que compõem a região, a prevalência dos princípios da soberania e da não intervenção e a persistência no debate sobre os "valores asiáticos" são alguns obstáculos que refrearam iniciativas para lidar com os direitos humanos na região. Além disso, a institucionalização intergovernamental na região obedece a um padrão diferenciado, com preferência por estruturas informais em detrimento de obrigações vinculantes. As expressões de cooperação entre os Estados envolvem declarações, códigos de conduta, princípios *soft law* e tomadas de decisão por consenso. Por essa razão, há dificuldade de estabelecer objetivos em matéria de direitos humanos no âmbito de organizações intergovernamentais, conforme o molde dos demais sistemas regionais de direitos humanos.

Na Ásia não existem normas, estruturas ou mecanismos intergovernamentais de promoção ou proteção internacional dos direitos humanos com alcance total sobre a região. De modo geral, a proteção internacional dos direitos humanos encontra certa expressão no continente pela participação individual de Estados em alguns tratados internacionais, ainda que com frequentes reservas, e por desenvolvimentos recentes no âmbito de organizações sub-regionais. Outra particularidade regional são as declarações realizadas por iniciativa de ONGs e redes regionais de Instituições Nacionais de Direitos Humanos. Dessa natureza, encontram-se a Carta de Direitos Humanos do Pacífico (1989), as Resoluções do Congresso de Direitos Humanos das ONGs do Ásia-Pacífico (1996), a Declaração de ONGs de Bangkok de Direitos Humanos (1993) e a Carta Asiática de Direitos Humanos (1998), documentos que visam, de forma incidental, impulsionar consensos na região em matéria de proteção aos direitos humanos.

Os desenvolvimentos mais promissores em matéria de direitos humanos na região acontecem no âmbito de algumas organizações sub-regionais. No âmbito da Associação das Nações do Sudeste Asiático (ASEAN), organização sub-regional criada em 1967 com alcance sobre 11 Estados, não consta nos documentos constitutivos previsão sobre direitos humanos. A adoção da Carta da ASEAN em 2007 e, mais tarde, a aprovação da Declaração de Direitos Humanos da ASEAN, em 2012, adicionaram princípios gerais de direitos humanos e enumeraram os direitos humanos reconhecidos na região, um passo elementar para o avanço na proteção regional dos direitos humanos. A constituição de órgãos de direitos humanos no âmbito da ASEAN se deu com o estabelecimento da Comissão Intergovernamental de Direitos Humanos da

ASEAN e de órgãos temáticos para proteção e promoção dos direitos de mulheres, crianças e trabalhadores migrantes, apesar de esses organismos contarem com mandatos de baixa expressividade, sem mecanismos para investigação ou monitoramento. No âmbito da Comunidade do Pacífico, organização sub-regional com alcance sobre 22 Estados e territórios, os desenvolvimentos em matéria de direitos humanos concentram-se na adoção das Declarações Biketawa (2000) sobre boa governança, direitos iguais e processos democráticos; Auckland (2004) sobre a observância da democracia e dos direitos humanos na região, e o Plano do Pacífico (2007) para implementação prioritária das convenções internacionais e regionais de direitos humanos. Umas das declarações mais recentes em matéria de direitos humanos teve origem na Comunidade do Pacífico. Trata-se dos Princípios Intergovenamentais de Prática para Implementação Nacional Efetiva dos Direitos Humanos, firmada em 2020. Apesar do caráter principiológico, esse documento internacional é o primeiro documento intergovernamental do mundo a orientar a implementação nacional das obrigações internacionais de direitos humanos. Por fim, no âmbito da Associação Sul-Asiática para Cooperação Regional (ASACR), foram adotadas a Declaração de Colombo (1991) para incluir menção aos direitos humanos na organização, a Declaração de Addu (2011) para reafirmar o compromisso com os direitos humanos, a democracia e as boa governança, além de tratados sub-regionais temáticos para prevenção e combate ao tráfico de mulheres e crianças para fins de prostituição (2002) e promoção do bem-estar das crianças (2002).

Em geral, observa-se que, na Ásia, os desenvolvimentos recentes em matéria de direitos humanos reforçam as preferências dos Estados por instrumentos *soft law*. As declarações adotadas nas últimas décadas expressaram alguns objetivos de direitos humanos, apesar de não preverem procedimentos e mecanismos para a realização desses direitos. Além disso, o desenvolvimento dessa limitada expressividade em termos de proteção internacional dos direitos humanos circunscreve-se ao âmbito de algumas organizações sub-regionais, onde existe algum adensamento institucional.

A apresentação do sistema universal e dos sistemas regionais de direitos humanos, assim como os apontamentos sobre outras institucionalidades mais incipientes no assunto nas diferentes regiões geográficas demonstram a importância do estabelecimento de padrões internacionais de direitos humanos. Em que pesem as diferenças regionais em termos de efetiva proteção aos direitos humanos, a intensificação da comunicação internacional e o aumento da mobilidade humana transformaram questões anteriormente percebidas como estereótipos regionais de violações de direitos humanos em problemas verdadeiramente globais. O debate sobre as condições das mulheres ao redor do mundo ajuda a oferecer visibilidade a esse ponto. Casamento infantil, uniões forçadas, mutilação da genitália feminina, educação de meninas, uso de vestimentas religiosas, se antes essas questões eram difíceis de ser resolvidas nos locais de origem e se mostravam aparentemente distantes de outras realidades ao redor do mundo, ao longo do tempo, esses problemas acabaram sendo comunicados e transportados para novos espaços, atingindo novos públicos. A existência dos padrões internacionais de direitos humanos solidifica a noção de que a discriminação e a violência de gênero são realidades compartilhadas por todas as mulheres pelo mundo e que, por essa razão, consistem em um dos mais desafiadores problemas globais.

REGIMES INTERNACIONAIS DE DIREITOS HUMANOS

A proteção internacional dos direitos humanos recebeu denominações diversas entre as áreas de conhecimento. Designações como "corpo do Direito Internacional dos direitos humanos", "arquitetura internacional dos direitos humanos", "padrão internacional de direitos humanos" e, até mesmo por um prisma mais crítico, "indústria internacional dos direitos humanos" são termos que se referem à proteção internacional dos direitos humanos. Cada uma dessas denominações ressalta uma perspectiva particular sobre a proteção internacional dos direitos humanos, podendo ser essa perspectiva normativa (foco nas normas), institucional (foco nas estruturas) ou ideológica (foco nos pensamentos).

Nas Relações Internacionais, em que o foco se coloca sobre as dinâmicas internacionais de direitos humanos, o conceito de regime internacional pode oferecer uma perspectiva analítica particular da área sobre o tema. O conceito de regime internacional determina o "conjunto de princípios, normas, regras e procedimentos de tomada de decisão, implícitos ou explícitos, ao redor do qual as expectativas dos atores convergem, em uma dada área das relações internacionais", conforme preleciona Krasner (1983). O regime internacional de direitos humanos, portanto, corresponderia ao conjunto de normas e instituições internacionais de direitos humanos, criadas para orientar atores quanto às ações de potencial impacto sobre a política internacional no que diz respeito à proteção de valores fundamentais para a humanidade. Portanto, a aplicação do conceito de regime internacional para se referir à proteção internacional de direitos humanos ressalta a perspectiva das dinâmicas, isto é, das relações entre normas, estruturas e atores na política internacional dos direitos humanos.

Uma das virtudes do conceito de regime internacional remete à capacidade de concentrar e articular a ação política dos atores em temas específicos na agenda internacional. Outra virtude do conceito de regimes internacionais seria a abertura a diversas expressões normativas do direito (desde valores e princípios até regras e procedimentos), englobando direitos humanos constituídos a partir de fontes normativas diversas. Por fim, outro atributo do conceito de regimes internacionais seria reconhecer a participação e, potencialmente, a influência de atores não governamentais na política internacional. Contudo, esse último ponto é relativamente mais disputado na literatura, porque alguns analistas de Relações Internacionais atribuem preponderância ao papel dos Estados nos regimes internacionais.

A aplicação do conceito de regime internacional à proteção internacional dos direitos humanos traz implicações analíticas consideráveis. Ao considerar o regime internacional de direitos humanos como esfera que privilegia os atores governamentais, favorecem-se os entendimentos de que as dinâmicas influentes na política internacional dos direitos humanos são as dinâmicas intergovernamentais. Nesse sentido, os Estados estabeleceriam e controlariam todas as dinâmicas importantes dos regimes internacionais, definindo os contornos das normas internacionais e modelando o *design*, alcance e funcionalidade das instituições internacionais e as oportunidades de participação dos atores não governamentais no regime internacional.

As implicações analíticas de aplicar o conceito de regime internacional à proteção internacional dos direitos humanos seriam capturar apenas parte das dinâmicas em torno da proteção internacional dos direitos humanos, em especial, as que reforçam o papel dos atores governamentais. Essa parcela visível do que ocorre em torno da proteção internacional dos direitos humanos colocaria em evidência a autoridade dos atores governamentais no que se refere à definição e à implementação dos direitos humanos. Ocorre que a própria emergência e gradual aceitação da proteção internacional dos direitos humanos têm colocado em xeque a centralidade dos atores governamentais em muitas dinâmicas da política internacional. A capacidade de indivíduos pleitearem direitos diretamente no plano internacional e, mais tarde, o desenvolvimento de competências no âmbito de organizações internacionais para responsabilizar indivíduos por abusos de direito humanos evidenciam as profundas transformações que a lógica do empoderamento de indivíduos promoveu na política internacional. Apesar de o conceito de regime internacional ser aplicado à proteção internacional dos direitos humanos com certa frequência, algumas vezes de forma indiscriminada, após o fim da Guerra Fria e no bojo de processos de globalização contemporâneos, passou-se a observar uma tendência geral de substituição desse conceito pela concepção mais ampla de governança global, também no que se refere à temática dos direitos humanos.

GOVERNANÇA GLOBAL
EM DIREITOS HUMANOS

A aplicação da concepção de governança global à proteção internacional de direitos humanos também ressalta a perspectiva das dinâmicas internacionais de direitos humanos. Outra semelhança que a concepção de governança global guarda com o conceito de regimes internacionais refere-se à capacidade de concentrar e articular a ação política dos atores em temas específicos na agenda internacional. Contudo, diferentemente do conceito de regime internacional, a concepção de governança global em direitos humanos expande o espectro das dinâmicas internacionais de direitos humanos para incorporar a influência de outros atores e de formas distintas de poder que sustentam a proteção dos humanos ao redor do globo.

Para os estudiosos da governança global, o mundo se estrutura a partir de processos de governança circunscritos a temas (direitos humanos, segurança, ambiente, finanças) e escalas distintos (global, nacional, local ou multinível). Nesse sentido, a governança global em direitos humanos pode ser entendida como um sistema regulatório escalonado de instituições governamentais e não governamentais, cujos mecanismos de regulação podem funcionar efetivamente mesmo quando desprovidos de autoridade formal. A governança global em direitos humanos concretizaria, portanto, a possibilidade de uma "governança sem governo", conforme expressão consagrada por Czempiel e Rosenau (1992).

Pelo prisma da governança global, reconhece-se a participação de uma diversidade de fontes de autoridade nos processos de governança global em direitos humanos. Por exemplo, a Conferência Mundial dos Direitos Humanos, realizada em Viena, em 1993, reuniu 171 delegações de Estados, 813 organizações internacionais acreditadas como observadoras e cerca de 2.000 organizações não governamentais no Fórum Paralelo das ONGs. Desde então, e com o reconhecimento da efetiva contribuição dos atores não governamentais para a realização dos direitos humanos pelo Conselho de Direitos Humanos da ONU, em 2007, a participação da sociedade civil tem sido entendida como elemento integrante da governança global em direitos humanos, sinalizando que os processos de construção e condução da agenda internacional de direitos humanos não se encontram, necessariamente, centralizados nos atores governamentais.

A governança global em direitos humanos presume um ambiente plural e diversificado, onde os Estados são apenas uma categoria dentre muitos outros atores que se fixam como fontes de autoridade no tema ao participar de processos em diversos e simultâneos níveis. Esse arquétipo particular da governança global tem levado alguns a concluir, precipitadamente, que a concepção de governança global implica diretamente o reconhecimento da diminuição do papel dos Estados na política global. Contudo tal associação direta não se opera, senão quando da avaliação da difusão de poder que transcorre entre dinâmicas plurais e diversificadas. Nos processos de governança global em direitos humanos, os Estados continuam sendo definidores das regras e processos: são eles que ratificam normas internacionais de direitos humanos, optam por cumprir decisões internacionais, destinam orçamento para as burocracias internacionais, entre outras ações políticas que lhes competem. Ocorre que, cada vez mais, nesses processos de governança global, atores governamentais e não governamentais são colocados em um patamar de maior correspondência enquanto fontes de autoridade em direitos humanos, campo onde o exercício de poder não se dá, necessariamente, pelo uso da força ou pela política de barganha.

No campo dos direitos humanos, o exercício de poder se dá a partir de lógica diversa das tradicionais políticas de barganha e força na política internacional. Por tratar-se de uma área caracterizada pelo alto conteúdo valorativo (normas abstratas) e pelas incertezas informativas (evidências plausíveis de violações de direitos humanos), o exercício de poder se dá, em muitos casos, pela validação das normas e pelo fornecimento de informações precisas quanto à ocorrência de violações de direitos humanos, geralmente perpetradas pelos Estados. Em diversos processos de governança global dos direitos humanos, o poder de validar os compromissos internacionais de direitos humanos e de providenciar informação crível sobre a existência de suas violações é exercido por autoridades não governamentais.

O processamento de denúncias de violações de direitos humanos nas cortes internacionais é um dos processos de governança global em direitos humanos que evidencia a difusão de poder nas dinâmicas entre os atores internacionais. De modo geral, esses processos se desenvolvem a partir de uma sequência de atos predeterminada: indivíduos denunciam Estados perante cortes internacionais por violações de direitos humanos; os Estados denunciados, havendo firmado compromissos internacionais de direitos humanos, oferecem uma visão oficial sobre os fatos transcorridos; organizações não governamentais providenciam informações críveis e alternativas ao posicionamento oficial dos Estados perante as cortes internacionais; e as cortes internacionais, ao interpretar a aplicação das normas de direitos humanos ao caso concreto, validam as normas internacionais e, consequentemente, reforçam a autoridade não governamental na matéria. Esse exemplo ilustra como o conceito de governança global realça as complexidades inerentes às dinâmicas em matéria de direitos humanos, as quais vão além da mera constatação de maior diversidade de fontes de autoridades nesses processos. Ao tomar parte dos processos de governança global em direitos humanos, os atores não governamentais modificam as relações internacionais tradicionalmente dominadas pelos atores governamentais. Em momentos específicos das dinâmicas de direitos humanos, como o processamento internacional de denúncias de violação dos direitos humanos, o exercício de poder pelas autoridades no assunto é praticado muito mais em função do conhecimento e da *expertise* do ator na área do que em termos da política de poder e barganha.

Assim, o emprego da concepção de governança global implica não apenas reconhecer uma maior diversidade de fontes de autoridade em um assunto, mas, sobretudo, identificar uma constante difusão de poder entre uma pluralidade de atores, governamentais e não governamentais. Dessa forma, os resultados de processos de governança global em direitos humanos devem ser projetados ou avaliados, conforme for o caso, em função da identificação de momentos críticos de difusão de poder entre as fontes de autoridade em direitos humanos nas diversas dinâmicas em escala global, nacional, local ou simultaneamente entre esses níveis.

Quais as principais dinâmicas de direitos humanos na política internacional?

A proteção internacional dos direitos humanos transformou o conteúdo e as formas de interação na política internacional. As interações em matéria de direitos humanos conformam dinâmicas próprias, em que uma série de ações e processos transcorrem simultaneamente em múltiplos níveis (internacional, regional, nacional e local). As normas e estruturas internacionais de direitos humanos viabilizam canais de participação a diversos atores, tornando as tradicionais relações entre Estados mais complexas. As principais dinâmicas internacionais de direitos humanos expandem o campo de atuação dos profissionais de Relações Internacionais.

PRINCIPAIS DINÂMICAS DE DIREITOS HUMANOS NA POLÍTICA INTERNACIONAL

A proteção internacional dos direitos humanos provocou profundas transformações nas tradicionais relações internacionais. A proteção aos valores humanos por meio de normas internacionais alterou o conteúdo clássico da política internacional. Se as preocupações típicas das relações internacionais antes se referiam exclusivamente a fenômenos transfronteiriços decorrentes das relações entre Estados, após a emergência de normas internacionais de direitos humanos, a agenda internacional passou a considerar, adicionalmente, ocorrências internas decorrentes das relações entre Estado e indivíduos/grupos. A proteção internacional dos direitos humanos também modificou as formas convencionais de interação entre Estados, na medida em que as normas e estruturas internacionais de direitos humanos viabilizaram canais de participação a diversos atores não estatais. As interações entre atores em matéria de direitos humanos conformam dinâmicas próprias que colocam em marcha diversas ações e processos, frequentemente simultâneos, em mais de um nível.

O quadro a seguir aponta quatro principais dinâmicas de direitos humanos na política internacional, quais sejam: política externa em direitos humanos, monitoramento internacional de direitos humanos, responsabilização por abusos de direitos humanos e ativismo em direitos humanos. Esse esforço de sistematização abrange os principais atores envolvidos e as principais ferramentas disponíveis para promover e proteger os direitos humanos, bem como prevenir e reparar abusos de direitos humanos em cada dinâmica apresentada.

Quadro 4 – Principais dinâmicas de direitos humanos na Política Internacional

Principais dinâmicas	Principais atores	Ferramentas
Política externa em direitos humanos (Execução) (Formulação e monitoramento)	Estados	Diplomacia Sanções/Incentivos Força
	Atores governamentais (Poderes Executivo, Legislativo e Judiciário) Atores não governamentais (Partidos políticos, ONGs, movimentos sociais, organizações sociedade civil, sindicatos, mídia, organizações religiosas, comunidades epistêmicas, grupos étnicos etc.)	Participação social Diálogos, consultas, audiências Produção e difusão de informação Pressão *Lobby*
Monitoramento internacional de direitos humanos	Organizações internacionais de direitos humanos Estados Organizações não governamentais Organizações da sociedade civil Mídia	Produção e difusão de informação tomada de decisão (votos, resoluções, recomendações) *Agenda setting* *Naming & shaming* *Lobby*
Responsabilização por abusos de direitos humanos	Cortes e tribunais internacionais Cortes e tribunais domésticos Estados Indivíduos Organizações não governamentais Organizações da sociedade civil	Litigância estratégica Representação peticionários *Amicus curiae* Produção e difusão de informação Tomada de decisão (Sentenciamento e Punição) Reuniões de supervisão de cumprimento Produção e difusão de informação *Naming & shaming*
Ativismo em direitos humanos	Organizações não governamentais Organizações da sociedade civil Indivíduos Líderes políticos e religiosos Celebridades Mídia	*Naming & shaming* *Lobby* Pressão Protesto Campanhas Produção e difusão de informação

Fonte: Elaboração da autora.

Longe de abranger a totalidade das interações possíveis em matéria de direitos humanos na política internacional, essa sistematização das principais dinâmicas de direitos humanos na política internacional favorece um acesso rápido a atores, ferramentas e espaços de atuação, facilitando o reconhecimento de formas de atuação profissional no campo da política internacional dos direitos humanos.

DINÂMICAS DA POLÍTICA EXTERNA EM DIREITOS HUMANOS

As dinâmicas de política externa em direitos humanos correspondem a todas as formas de interação entre agentes oficiais, atores governamentais e não governamentais com o objetivo de formular, executar e monitorar os rumos de um Estado na política internacional no que diz respeito a questões relacionadas aos direitos humanos. A emergência e gradual consolidação da proteção internacional dos direitos humanos imprimiu transformações de natureza quantitativa e qualitativa para a política externa dos Estados. As instituições e os fóruns internacionais de direitos humanos multiplicaram os canais das relações diplomáticas, nos níveis multilateral e regional. Ao mesmo tempo, a crescente convergência da temática dos direitos humanos com as pautas da segurança e do desenvolvimento tornaram as ações de política externa mais complexas, à medida que as normas internacionais de direitos humanos passaram a produzir tensões sobre as tradicionais retóricas de barganha e poder. Além disso, o transbordamento de discussões de direitos humanos para espaços não necessariamente criados para essa finalidade têm tornado praticamente impossível a obstrução das agendas de política externa à temática dos direitos humanos.

A incorporação dos direitos humanos nas agendas de política externa dos Estados requer ajustes substantivos e procedimentais. As principais definições oficiais de um Estado em suas ações voltadas ao exterior envolvem diversos processos de tomada de decisão quanto ao comportamento internacional do país em relação às normas e padrões internacionais de direitos humanos; às estratégias de participação, voto e ações de política externa nos fóruns internacionais multilaterais e regionais de direitos humanos; à concertação das relações bilaterais; à aplicação das ferramentas de política externa à matérias de direitos humanos; e, no caso dos Estados democráticos, às demandas de participação social nos processos de formulação da política externa.

A execução da política externa em matéria de direitos humanos se dá, em boa medida, por meio das ferramentas diplomáticas. A diplomacia envolve comunicação e negociação baseadas em argumentos e preferências muitas vezes distintos. Em matéria de direitos humanos, a diplomacia geralmente envolve mais ameaças e críticas do que troca de elogios públicos. A aplicação de instrumentos políticos diferentes da diplomacia para dar resposta a abusos de direitos humanos ou para encorajar melhorias de direitos humanos em outros Estados é uma estratégia pouco exposta nas dinâmicas de política externa no que se refere aos direitos humanos. O uso de incentivos (acordos preferenciais de comércio, ajuda ao desenvolvimento) ou sanções econômicas (embargos, congelamento de ativos no exterior) na tentativa de oferecer estímulos para que Estados mudem suas práticas em direitos humanos, em geral acabam gerando mais prejuízos à sociedade civil, como pobreza, fome e dependência econômica, agravando ainda mais a situação de direitos humanos. Da mesma forma, o uso da força (intervenção armada externa ou guerra) é um instrumento de política externa inadequado e, por essa razão, não autorizado para coibir repressões "rotineiras" de direitos humanos em outros Estados. A comunidade internacional, ainda que dividida quanto à aplicabilidade e efetividade das intervenções militares, reconhece o uso da força apenas como *instrumento de política internacional* (e não de política externa) restrito aos fins *humanitários* (e não de direitos humanos).

A política externa em direitos humanos, para além de conduzir oficialmente os rumos do Estado na política internacional, pode ser pensada como elemento de potencial promoção, proteção e realização dos direitos humanos. As decisões e os posicionamentos oficiais de um Estado nos organismos internacionais e nas suas relações bilaterais em temas de direitos humanos servem de referência para que outros atores governamentais e não governamentais no plano doméstico se mobilizem e promovam ações estratégicas para garantir que os compromissos internacionais de direitos humanos sejam respeitados. Nesse sentido, a participação de atores governamentais e não governamentais nos processos de formulação e monitoramento da política externa em matéria de direitos humanos pode promover transparência, conscientização e *accountability* doméstica das decisões tomadas pelo Estado no exterior.

O Brasil conta com algumas experiências de monitoramento social da política externa em matéria de direitos humanos. A organização não governamental Conectas Direitos Humanos foi pioneira na proposta de monitoramento das ações de política externa brasileira em direitos humanos. Em 2005, criou o Programa de Política Externa em Direitos Humanos para reunir informações sobre o comportamento internacional do país, suas posições e votos nos mecanismos internacionais e regionais de direitos humanos e cobrar o respeito aos direitos humanos a todas as decisões de política externa do país. A compilação desse trabalho nos *Anuários de Direitos Humanos: o Brasil na ONU*, produzidos de 2007 a 2011, reúne dados sobre a participação e votos do Brasil na Assembleia Geral e no Conselho de Direitos Humanos da ONU, ratificações e apresentações de relatórios estatais aos Comitês de monitoramento das convenções internacionais, entre outras informações relevantes para dar visibilidade às ações da política externa brasileira em direitos humanos. Outra experiência de monitoramento da política externa brasileira em direitos humanos refere-se à criação, em 2006, do Comitê Brasileiro de Direitos Humanos e Política Externa, uma coalizão formada por 18 organizações da sociedade civil e instituições estatais para promover os direitos humanos por meio do controle democrático da política externa e da participação cidadã. O Comitê Brasileiro de Direitos Humanos e Política Externa realizou, até 2016, audiências e consultas públicas junto a atores governamentais, promoveu diálogos com a sociedade civil e monitorou as agendas bilateral e multilateral da política externa brasileira.

Apesar de fundamental, a participação social nos processos de formulação de política externa em matéria de direitos humanos enfrenta inúmeras dificuldades de ordem prática e reativa. Os esforços de realização de consultas dos Estados à sociedade civil evidenciam não apenas as dificuldades inerentes ao diálogo entre atores diversos, mas, sobretudo, as dificuldades de autoavaliação crítica por parte de segmentos de governos e de burocracias estatais. Por exemplo, a elaboração dos relatórios nacionais – que devem ser submetidos regularmente aos mecanismos de monitoramento internacional dos direitos humanos, como a Revisão Periódica Universal da Organização das Nações Unidas – apresenta um alto nível de complexidade no exercício da política externa em matéria de direitos humanos porque pressupõe que dentro dos Estados sejam realizados diálogos mais amplos e transparentes do que sugerem as rotinas mais tradicionais da diplomacia.

DINÂMICAS DE MONITORAMENTO INTERNACIONAL DOS DIREITOS HUMANOS

As dinâmicas de monitoramento internacional dos direitos humanos correspondem às observações periódicas da situação ou dos casos de direitos humanos ao redor do globo. O monitoramento internacional dos direitos humanos tem o objetivo de verificar se os padrões e as normas internacionais de direitos humanos, determinados pelos tratados e organizações internacionais, são efetivamente aplicados pelos Estados. Nesse sentido, o monitoramento internacional dos direitos humanos presta-se às finalidades de conduzir e pressionar governos, antecipar e advertir sobre áreas de potencial conflito e subsidiar atores não governamentais a tomar medidas domésticas, como oferecimento de denúncia, ajuda às vítimas e conscientização da população.

As atividades de monitoramento internacional dos direitos humanos podem se direcionar a situações gerais ou casos específicos. O monitoramento de situações gerais de direitos humanos compreende a observação de práticas abusivas dos direitos humanos, da análise de legislações e projetos de leis, da avaliação da implementação de leis e políticas públicas e da criação e funcionamento das instituições nacionais de direitos humanos nos Estados ou em determinadas regiões do globo. O monitoramento de casos específicos de direitos humanos corresponde ao acompanhamento do andamento processual de casos legais, das medidas de reparação outorgadas às vítimas e de outras formas de intervenção sobre o caso, como apoio médico e psicológico às vítimas.

O monitoramento internacional dos direitos humanos pode assumir abrangências diversas. Quanto aos direitos monitorados, as ações de monitoramento podem envolver uma ampla gama de direitos (como os direitos civis e políticos) ou um fenômeno em específico (como o desaparecimento forçado). No que se refere aos grupos-alvo, o monitoramento internacional dos direitos humanos pode compreender toda uma população ou setores restritos (como minorias, presos, migrantes). No que diz respeito à abrangência geográfica, o monitoramento internacional dos direitos humanos pode ser amplo (realizado em um país ou no mundo todo) ou restrito (realizado em regiões).

As atividades de monitoramento internacional dos direitos humanos envolvem a coleta e a sistematização periódica de uma grande quantidade de dados. A coleta de dados pode incluir investigações, também denominadas *fact-finding missions*, para desvendar fatos suspeitos que cercam um caso determinado de violação de direitos humanos. As ferramentas investigativas podem compreender entrevistas com vítimas e oficiais do Estado, visitas e inspeções, coleta de documentos, fotografias, gravações e exames forenses, entre outras possibilidades. Após a coleta, os resultados obtidos durante as investigações são documentados para garantir que os dados possam instruir as atividades de *advocacy* posteriores e para que sejam comparáveis ao longo do tempo. Todas as informações são reunidas em um relatório, que propõe uma análise da situação ou caso de direitos humanos. Os relatórios de monitoramento internacional de direitos humanos cumprem basicamente três objetivos: identificam situações desviantes das normas e padrões internacionais de direitos humanos, indicam medidas para remediar a situação e determinam ações subsequentes aos Estados.

As dinâmicas de monitoramento internacional dos direitos humanos se baseiam nos relatórios produzidos sobre uma situação ou caso de direitos humanos e envolvem a participação de diversos atores. Os relatórios de monitoramento são instrumentos utilizados nas dinâmicas entre atores governamentais, intergovernamentais e não governamentais para verificar a aplicação dos padrões e normas internacionais de direitos humanos, ressaltar problemas sociais e contextualizar propostas de mudança no campo dos direitos humanos. O monitoramento internacional dos direitos humanos no âmbito das Nações Unidas se dá, basicamente, pelos comitês de monitoramento das Convenções Internacionais de direitos humanos (*treaty-based bodies*) e, no Conselho de Direitos Humanos, pelas relatorias especiais (temáticas ou por país), grupos de trabalho e outros órgãos. Os principais instrumentos de monitoramento empregados se baseiam na submissão periódica de relatórios por parte dos Estados e no oferecimento de relatórios alternativos (*shadow reports*) pelas organizações não governamentais. Alguns Estados realizam o monitoramento da situação e de casos de direitos humanos em seus próprios países por meio do estabelecimento de instituições nacionais de direitos humanos. As instituições nacionais de direitos humanos podem assumir o formato de comissões nacionais, comissões especializadas ou *ombudsperson*, com objetivo de reunir especialistas independentes para monitorar e chamar a atenção dos governos para áreas de violação e discriminação no país, além de contribuírem para as submissões de relatórios periódicos pelos Estados nos organismos internacionais.

DINÂMICAS DE RESPONSABILIZAÇÃO POR ABUSOS DE DIREITOS HUMANOS

As dinâmicas de responsabilização em direitos humanos correspondem a ações e processos para responsabilizar e punir abusos de direitos humanos e restaurar relações sociais abaladas por sistemáticas violações de direitos humanos. Ao longo do tempo, essas dinâmicas impulsionaram desenvolvimentos paradigmáticos na própria ideia de proteção internacional dos direitos humanos. O estabelecimento de mecanismos para responsabilizar, punir e restaurar relações sociais têm trajetórias diversas, deflagradas por meio de dinâmicas muitas vezes simultâneas entre os níveis global, regional, nacional e local. Essas dinâmicas correspondem a diferentes formas encontradas para colocar em prática o ideal de justiça em matéria de direitos humanos ao redor do globo. São exemplos dessas dinâmicas de responsabilização a tramitação de casos em cortes internacionais, o estabelecimento de comissões da verdade e uma série de atos simbólicos no âmbito doméstico dos Estados, que promoveram novos entendimentos quanto aos objetivos e às finalidades da proteção dos direitos humanos no mundo.

O horizonte de responsabilização internacional por abusos de direitos humanos tradicionalmente alcançou a figura dos Estados. Isso significa dizer que as dinâmicas de responsabilização e punição por violações desses direitos assumem como finalidade o processamento de denúncias de violação de direitos humanos e, eventualmente, culminam na condenação de Estados. Em termos práticos, a condenação genérica e indeterminada de Estados – sem apurar responsabilidades individuais das ações praticadas em nome do Estado – implica a punição da sociedade como um todo. Por exemplo, quando decisões internacionais condenam um Estado ao pagamento de indenizações financeiras como forma de reparação de grupos vitimados por abusos de direitos humanos, parte dos tributos pagos pelos cidadãos nos Estados é direcionada ao cumprimento dessa medida indenizatória. Esse tipo de processo de responsabilização de Estados por abusos de direitos humanos é, geralmente, conduzido por cortes internacionais de direitos humanos, mas também pode ser tramitado em outras cortes internacionais competentes para apreciar tratados internacionais de direitos humanos.

Ao longo do tempo, o horizonte de responsabilização indeterminada do Estado por abusos de direitos humanos foi consideravelmente expandido para alcançar a figura de indivíduos que praticaram suas violações. A contínua emergência de normas, entendimentos e práticas de direitos humanos levaram ao desenvolvimento de capacidades de ampliar o alcance da responsabilização e punição por graves violações de direitos humanos na esfera individual. Isso significa dizer que as dinâmicas de responsabilização por violações e abusos de direitos humanos hoje podem culminar na condenação e punição de indivíduos que diretamente causaram ou se associaram, de alguma forma, às atrocidades praticadas em nome do Estado, podendo por isso serem punidos de forma direta e proporcional à gravidade de seus atos.

Os desenvolvimentos para se alcançarem formas de condenação e punição individualizada se ancoraram na percepção de que muitos dos processos de responsabilização por violações de direitos humanos – tanto no âmbito doméstico, quanto no âmbito internacional – acabavam sendo frustrados por diversas manobras políticas que visavam criar obstáculos à punição dos responsáveis. Durante muito tempo, as vítimas de graves violações de direitos humanos, geralmente praticadas por governos autoritários, vislumbravam poucos caminhos para responsabilizar e punir os culpados por esses atos. Um dos caminhos para buscar a responsabilização por abusos de direitos humanos eram os processos domésticos, que acabavam quase sempre frustrados pela prática de anistia. Quando, em raras hipóteses, havia chances de efetiva condenação nesses processos domésticos, os líderes responsáveis pelas violações de direitos humanos frustravam a possibilidade de punição partindo para o exílio no exterior, sendo esse arranjo político comumente utilizado para protegerem-se contra a extradição e, assim, manterem-se impunes. O exílio de líderes como Augusto Pinochet, do Chile, e Alfredo Stroessner, do Paraguai, evidencia uma longa tradição política na América Latina, onde os golpes se mostraram instrumentos comuns de política doméstica e o exílio se colocava como instrumento de política internacional.

A gravidade dos abusos de direitos humanos e a constatação da impunidade como forma de perpetuamento das injustiças ao redor do globo impulsionaram, ao longo do tempo, o desenvolvimento de diversos caminhos para estabelecer a responsabilização individual. A responsabilização individual em decorrência de graves violações de direitos humanos se operacionalizou a partir do entendimento de jurisdição universal dos direitos humanos. Jurisdição universal dos direitos humanos comporta a ideia de que as graves e sistemáticas afrontas à humanidade devem ser resolvidas em definitivo, não estando os mecanismos de justiça (cortes e tribunais) limitados ao local onde aconteceram os fatos ou onde o indivíduo responsável possa se encontrar. Portanto, a ampliação da esfera de competência de cortes e tribunais para processar e julgar graves violações de direitos humanos a, potencialmente, todo e qualquer espaço ao redor do mundo, é uma das ferramentas mais importantes do Direito Internacional para pôr fim à impunidade de perpetradores das mais graves violações de direitos humanos. Portanto, ao romper com práticas arraigadas que acabavam por perpetuar injustiças históricas, a aplicação da jurisdição universal dos direitos humanos promoveu profundas transformações sobre o comportamento dos atores e sobre a política internacional.

No plano internacional, a aplicação da ideia de jurisdição universal dos direitos humanos evoluiu desde os tribunais *ad hoc* (Nuremberg e Tóquio, 1945-46; Iugoslávia, 1993; Ruanda, 1994) até a consolidação do Tribunal Penal Internacional, em 1998, com a adoção do Tratado de Roma. Em funcionamento desde 2003, em Haia, nos Países Baixos, o Tribunal Penal Internacional representou o esforço da comunidade internacional de estabelecer um tribunal permanente para lidar com casos de genocídio, crimes contra humanidade, crimes de guerra e crimes de agressão com lastro na responsabilização individual. Paralelamente, em diversos níveis locais, a aplicação da ideia de jurisdição universal dos direitos humanos operacionalizou-se a partir da declaração de competência por parte de cortes estrangeiras para invocar normas internacionais de direitos humanos e processar indivíduos em território diverso da sua jurisdição originária. Um exemplo marcante dessa inovação judicial deu-se quando da prisão do ditador chileno Augusto Pinochet. Nesse caso, a ordem de prisão decretada por um tribunal espanhol e cumprida no território inglês demonstra os caminhos tortuosos pelos quais responsabilizações individuais de direitos humanos foram concretizadas. A obra *The Justice Cascade*, de Kathryn Sikkink (2011), analisa como esse caso chileno e outros processos de responsabilização por abusos de direitos humanos ao redor do mundo tiveram impacto profundo sobre a política internacional contemporânea.

Mesmo diante de desenvolvimentos como esses, a ideia de responsabilização individual alcançou aplicabilidade apenas sobre parte das normas internacionais de direitos humanos. A jurisdição universal de direitos humanos encontra-se circunscrita, na prática, a um limitado conjunto de direitos identificados como "direitos de integridade física" e "crimes centrais", que incluem a proibição da tortura, da execução sumária, da escravização, do genocídio, dos crimes de guerra, dos crimes contra a humanidade e dos crimes de agressão.

Paralelamente às dinâmicas de responsabilização por abusos de direitos humanos, colocam-se ações e processos de restauração das relações sociais, impulsionados por casos relativos à justiça de transição. Os processos de justiça de transição dizem respeito particularmente às violações de direitos humanos cometidas por Estados que se democratizaram após governos autoritários ou que passaram por conflitos armados internos no passado recente. Ao longo do tempo, a justiça de transição consolidou um subcampo próprio dentro da proteção internacional dos direitos humanos, onde se desenrolam diversas dinâmicas para encorajar a sociedade a lidar com as responsabilidades coletivas por abusos de direitos humanos. A lógica das ações e dos processos de justiça de transição consiste em entender os contextos estruturais em que as violações de direitos humanos ocorrem, como forma de indicar e realizar as reformas necessárias para promover uma justiça social duradoura.

Os casos de justiça de transição podem envolver diversos processos, judiciais, não judiciais e atos simbólicos. São exemplos a instauração de comissões da verdade ou outras formas de reestabelecer verdades históricas e tornar público o sofrimento das vítimas, os pedidos de desculpas públicas, a construção de memoriais em homenagens às vítimas, entre outros. Tais ações e processos de justiça de transição podem também envolver medidas políticas, como a anistia, e medidas judiciais, como o reconhecimento dos crimes praticados, a responsabilização e/ou punição dos seus autores, a determinação de reparações simbólicas e financeiras, o expurgo de funcionários públicos e a modificação de leis e instituições sociais. A propósito, os processos de justiça de transição comportam ampla variabilidade entre si, uma vez que as particularidades caso a caso inviabilizam a hipótese de um modelo único de justiça transicional. A documentação de experiências de justiça de transição ao redor do mundo revela que, geralmente, diante de graves violações de direitos humanos, os procedimentos acabam sendo compostos por uma série de medidas (políticas e judiciais) a fim de alcançar objetivos de curto prazo (responsabilizações, punições e reparações individuais) e de longo prazo (estabelecimento de verdades históricas, conciliação e paz social).

As dinâmicas de responsabilização por abusos de direitos humanos e as ações e processos para restaurar as relações sociais são geradores de momentos críticos para as políticas doméstica e internacional, onde as fontes de autoridade no assunto se diversificam e a difusão de poder entre os atores se torna visível, abrindo-se oportunidades para mudanças de direitos humanos. Como essas dinâmicas ocorrem em várias fases, temporalidades, espaços e escalas, envolvendo múltiplos tomadores de decisão (domésticos, regionais, internacionais) e uma diversidade de fontes de autoridade no assunto, os atores governamentais nem sempre conseguem controlar os resultados finais desses processos. Por exemplo, os processos de justiça de transição no Brasil foram iniciados após a transição democrática e se desenrolam até os dias atuais. Essas dinâmicas envolvem ações no nível local (comissões da verdade municipais e universitárias), regional (comissões da verdade estaduais), nacional (comissão nacional da verdade), processos judiciais nos níveis estadual e federal, processos internacionais (casos Herzog e Guerrilha do Araguaia contra o Brasil na Corte Interamericana de Direitos Humanos), todos com objetivo de responsabilizar e punir abusos de direitos humanos e reparar relações sociais abaladas pelos crimes e abusos de direitos humanos praticados durante regime militar.

Em dinâmicas complexas, como as de responsabilização por abusos de direitos humanos, a litigância estratégica é uma das ferramentas utilizadas para promover mudanças políticas em matéria de direitos humanos. A litigância estratégica se refere à construção de casos que desafiam os limites de uma dada realidade normativa com o objetivo de garantir a realização dos direitos humanos. Muitas vezes, os casos de litigância estratégica envolvem ações judiciais, iniciadas no âmbito doméstico, mas que perfazem diversos mecanismos de proteção internacional ou regional dos direitos humanos. Ela pode envolver também um conjunto mais amplo de ações de *advocacy* e comunicação entre os atores sociais para incidir sobre outras autoridades, como os poderes Executivos e Legislativos nos Estados, bem como sobre os organismos internacionais. Esse tipo de litigância é considerado estratégico porque o resultado eventualmente alcançado em um único caso assume uma dimensão multiplicadora, capaz de criar precedentes e ser aplicado para incontáveis casos similares ao redor do globo. Portanto, a litigância estratégica é uma ferramenta para promover transformações significativas no plano local e impulsionar a proteção dos direitos humanos no mundo todo.

A dinâmicas de responsabilização por abusos de direitos humanos costumam ser deflagradas por atores diversos do Estado, sendo raros os casos em que Estados denunciem formalmente violações de direitos humanos cometidas em outros Estados. Geralmente são atores não governamentais, como indivíduos e coletividades, representados (ou não) por organizações não governamentais ou organizações da sociedade civil local que apresentam denúncias de violações de direitos humanos. Quando essas denúncias são admitidas como casos nas cortes internacionais, novas oportunidades são abertas para que outros atores sociais apresentem manifestações orais ou escritas (*amicus curiae*) para esclarecer aspectos específicos das violações de direitos humanos praticadas. Da mesma forma, as cortes internacionais de direitos humanos podem se respaldar no envio de informações por parte dos atores não governamentais para supervisionar o cumprimento de suas decisões nos Estados. As dinâmicas de responsabilização por abusos de direitos humanos, mobilizadas ou não por meio da litigância estratégica, confirmam, portanto, o empoderamento individual e coletivo como lógica de ação nos processos e ações que visam concretizar os ideais de justiça e dignidade humana ao redor do globo.

DINÂMICAS TRANSNACIONAIS DE ATIVISMO EM DIREITOS HUMANOS

As dinâmicas de ativismo em direitos humanos correspondem às ações continuadas de movimentos sociais em defesa de uma causa com a finalidade de promover mudanças sociais e políticas. Os movimentos sociais se desenvolveram em paralelo à formação dos Estados e, por muito tempo, os Estados foram o principal alvo do ativismo. Com os processos de globalização, a arena política transformou-se em múltiplos focos de poder, tornando as relações entre atores mais difusas e complexas. A frequente interação entre políticas domésticas, regionais e internacionais e a crescente percepção sobre problemas compartilhados estimularam rearranjos nos movimentos sociais. A construção de redes transnacionais informais entre os movimentos sociais passou a estruturar coalizões para lançar campanhas coordenadas não apenas contra Estados, mas também contra instituições internacionais, empresas e corporações multinacionais. Marca do ativismo dessa época são os protestos pacifistas contra guerras e envio de tropas ao exterior e os protestos em defesa da justiça social global contra o regime comercial, desde o projeto da Área de Livre-Comércio das Américas (Alca), passando pelo G8, Organização Mundial do Comércio (OMC), Fórum Econômico Mundial e Banco Mundial.

As dinâmicas transnacionais de ativismo encontram algumas particularidades no campo da proteção internacional dos direitos humanos. Os movimentos de ativismo em direitos humanos costumam definir os Estados como alvos. Mas, diferentemente do ativismo em geral, o ativismo em direitos humanos percebe as organizações internacionais de direitos humanos como oportunidades ou arenas para campanhas contra Estados-alvo. Nessas organizações internacionais, os movimentos sociais se articulam por meio de redes transnacionais visando exercer pressão sobre os Estados-alvo como forma de transformar as oportunidades políticas domésticas. Uma vez que os movimentos sociais ganham acesso ao sistema político do Estado-alvo, passam a fortalecer coalizões domésticas para alterar as decisões estatais contrárias aos direitos humanos. Portanto, as dinâmicas de ativismo em direitos humanos, articuladas pelas redes, consideram as organizações internacionais de direitos humanos parte da solução para as questões domésticas.

As dinâmicas transnacionais de ativismo em direitos humanos promovem transformações nas próprias organizações internacionais de direitos humanos. As redes transnacionais de *advocacy* em direitos humanos operam não apenas sobre as estruturas de oportunidade indicadas pelas organizações internacionais de direitos humanos, mas também criam e transformam a própria estrutura de oportunidade em que eles operam. A previsão de diversas formas de participação social nos regulamentos de órgãos internacionais de direitos humanos demonstra a capacidade de esses movimentos ampliarem as previsões originais das organizações internacionais. Esses documentos garantem *status* consultivo às organizações não governamentais, autorização para manifestações orais em encontros, inclusão de materiais escritos no registro de processos internacionais, acompanhamento de processos seletivos para compor as burocracias internacionais, participação em processos de reforma institucional, entre outras ações mais ou menos formalizadas que compõem o repertório de ação dos movimentos sociais nas organizações internacionais de direitos humanos. A obra *The Hidden Hands of Justice*, de Heidi Nichols Haddad (2018), mapeia o crescente papel participativo de organizações não governamentais em cortes internacionais de direitos humanos, analisando os impactos desses atores sociais sobre as próprias instituições judiciais internacionais.

As dinâmicas transnacionais de ativismo em direitos humanos criam canais alternativos de comunicação na política internacional e envolvem uma diversidade de atores articulados em redes. No plano doméstico, organizações da sociedade civil (movimentos sociais, estudantis, étnicos), organizações não governamentais, indivíduos, líderes políticos e religiosos, celebridades e parcela da mídia unem esforços a atores correlatos no plano regional e internacional para promover as mudanças de direitos humanos desejadas. A produção e difusão de informação dentro dessas redes oferecem uma visão alternativa sobre a versão que os Estados apresentam no exterior quanto às questões domésticas de direitos humanos. As informações, ideias e estratégias desses atores correspondem à principal fonte de autoridade dos atores sociais na política internacional. Essa autoridade pode ser exercida por meio de diversas ferramentas, como as táticas de embaraçamento público (*naming & shaming*), *lobby*, protestos, campanhas e outras formas de pressão junto a atores percebidos como estratégicos para a causa.

As dinâmicas transnacionais de ativismo em direitos humanos acabaram assumindo novos contornos ao longo do tempo. Tipicamente, as dinâmicas desse tipo que ganharam notoriedade costumavam ser encabeçadas por organizações não governamentais com identidade bastante definida, liderando campanhas estratégicas para atingir objetivos políticos específicos em governos-alvo. Por exemplo, a Anistia Internacional, uma das organizações não governamentais internacionais mais influentes na área dos direitos humanos, mantém, ao longo de décadas, a campanha *Write for Rights*, em que pessoas comuns ao redor do mundo são incentivadas a escrever cartas para expressar o inconformismo com prisões injustas, como forma de exercer pressão sobre os governos para reverter essas medidas. Atualmente, observa-se uma tendência a dinâmicas transnacionais de ativismo em direitos humanos mais diretas, com agendas de justiça social global mais amplas, mobilizadas quase que de forma instantânea pelas redes de tecnologia da informação para buscar mudanças de atitudes e valores em múltiplos setores. Por exemplo, os movimentos globais *Black Lives Matter* e *#Metoo*, iniciados nos Estados Unidos e rapidamente difundidos pelo mundo, comunicam profundos sofrimentos humanos particulares das condições de mulheres e negros nas sociedades. Em comum, ambos os movimentos, ainda que não centralizados por organizações não governamentais e não se valendo das estruturas de oportunidade das organizações internacionais de direitos humanos, perfazem uma mobilização crítica das sociedades para contestar simultaneamente processos de dominação e padrões duradouros de exclusão social e violência entre grupos.

Quando a proteção internacional dos direitos humanos é eficaz?

A emergência de arranjos internacionais em matéria de direitos humanos lançou diversos enigmas na política internacional. Por que os Estados aceitam participar de tratados internacionais de direitos humanos? Por que os Estados participam de um regime internacional inclinado a responsabilizá-los por atos internos? Por que os Estados cumprem as obrigações internacionais de direitos humanos, mesmo sendo raras as sanções ao descumprimento? Por que as violações de direitos humanos persistem mesmo após a consolidação da proteção internacional dos direitos humanos? Essas questões aparentemente contraditórias organizaram os esforços intelectuais das Relações Internacionais para dar respostas aos desafios dos direitos humanos na política internacional.

ENIGMAS DOS DIREITOS HUMANOS NA POLÍTICA INTERNACIONAL

Os direitos humanos representam uma das ideias mais transformadoras da história. A concepção de que a humanidade conforma um núcleo comum e que as organizações políticas e sociais devem respeito aos indivíduos e grupos é resultado de uma longa trajetória dos direitos humanos, articulada por meio de pensamentos, instituições e movimentos políticos e sociais. De forma análoga, a definição da proteção internacional dos direitos humanos representou o ponto de partida para diversas transformações na política internacional contemporânea. A ideia de que a comunidade humana deve ser protegida por esforços permanentes de cooperação internacional decorreu de desenvolvimentos simultâneos nos planos doméstico (processos de democratização), transnacional (movimentos transnacionais da sociedade civil) e internacional (criação de organizações internacionais).

As ideias de direitos humanos não evoluíram espontaneamente, mas a partir da contestação de entendimentos filosóficos e ordens anteriores. No âmbito das relações domésticas, antes da afirmação dos direitos humanos em documentos nacionais, prevalecia a plena liberdade para os Estados fazerem o que quisessem com os indivíduos. No âmbito das relações internacionais, antes da existência da proteção internacional dos direitos humanos, predominava um pacto tácito de silêncio mútuo entre os Estados quanto ao que acontecia nos planos domésticos, ao mesmo tempo que a violência se conservava como forma legítima e frequente de relacionamento internacional. Em ambos os casos, o conceito de soberania operou como sustentáculo para esse paradigma, de modo que os Estados soberanos seriam autoridades exclusivas para definir os parâmetros das relações com os indivíduos em seu território e as ações no exterior.

Conforme os Estados passaram a recorrer de forma mais frequente às ferramentas do Direito Internacional – em substituição às soluções violentas –, o paradigma de relacionamento entre os Estados passou a se alterar significativamente. A evolução da deslegitimação das guerras de dominação por meio de tratados internacionais no início do século XX, por exemplo, constituíram passos fundamentais para que, mais tarde, a revolução dos direitos humanos na política internacional acontecesse. A nova ordem internacional estabelecida após a Segunda Guerra Mundial inaugurou uma nova política internacional, baseada no entendimento de que o mundo (e cada Estado) seria mais seguro e próspero se as nações cooperassem umas com as outras na busca por objetivos comuns, conforme afirmado na Carta da Organização das Nações Unidas.

A centralidade da cooperação na ordem internacional após a Segunda Guerra Mundial favoreceu ainda mais a tendência de legalização e institucionalização da política internacional. Os tratados internacionais, enquanto instrumentos normativos utilizados para determinar os comportamentos legítimos na política internacional, ao longo do tempo, tornaram inaceitáveis certas justificativas soberanistas, de modo que, nas relações internacionais contemporâneas, não é possível conceber que um Estado proceda à anexação de outro por interesses puramente expansionistas, nem que governos justifiquem a educação mais de meninos do que de meninas com base na limitação de recursos. Contudo, mesmo que a elaboração de tratados internacionais tenha se tornado mais frequente na política internacional, as motivações dos Estados para aderir a essas normas variam significativamente, dependendo da matéria objeto da cooperação internacional. Desse modo, a explicação da razão de os Estados pactuarem tratados internacionais em matéria de segurança pode ser completamente diferente da razão de os Estados participarem de tratados internacionais de direitos humanos.

A motivação dos Estados para elaborar tratados internacionais varia conforme a matéria objeto de regulação. Em matérias em que se relaciona a regulação de externalidades políticas decorrentes de relações transfronteiriças, como a segurança, o comércio, o desenvolvimento, os Estados consentem em limitar suas ações como forma de mediar interesses (políticos, econômicos e estratégicos) e evitar resultados subótimos na política internacional. No caso dos conflitos ou do comércio internacional, os tratados internacionais reduzem as incertezas informativas entre os Estados, oferecendo benefícios recíprocos para as partes signatárias e mecanismos interestatais de sanção ou reforço às normas para os casos de descumprimento. No caso das questões ambientais, os tratados internacionais determinam comportamentos legítimos a fim de coordenar esforços para um problema comum e impossível de ser resolvido de forma unilateral. Contudo, a regulação internacional no que tange aos direitos humanos é difícil de ser explicada nesses mesmos moldes.

O estabelecimento de arranjos internacionais em matéria de direitos humanos exige explicações que desafiam a lógica geral da cooperação internacional. Os arranjos internacionais de direitos humanos veiculam matéria que se relaciona à regulação das relações sociais *dentro* de um Estado e objetivam responsabilizar governos por práticas abusivas contra os direitos de indivíduos e coletividades. Umas das características dessas normas também é raramente apresentar mecanismos interestatais de *enforcement,* isso é, dispositivos normativos que prevejam reforços ou sanções internacionais como forma de reforçar as obrigações veiculadas nas normas internacionais de direitos humanos. Os tratados internacionais de direitos humanos apresentam obrigações onerosas aos Estados, como, por exemplo, a realização de políticas públicas de longo prazo em educação e saúde, ao mesmo tempo em que geram benefícios de participação aparentemente ínfimos, como eventuais ganhos reputacionais na comunidade internacional. Para Beth Simmons, em *Mobilizing for Human Rights* (2009), a ideia de direitos humanos universais, consolidada nos tratados internacionais, coloca em funcionamento um audacioso projeto coletivo de *accountability* internacional, em que as práticas domésticas de um governo podem ser monitoradas conforme padrões legais internacionais, algo muito distante dos corolários da autoridade soberana dos Estados e da estrutura anárquica do sistema internacional. Para a autora, o que torna essa ideia intrigante é justamente o fato de as transformações de direitos humanos na política internacional terem transcorrido pelas mãos de governos, dado que a construção da proteção internacional dos direitos humanos exigiu consentimento explícito por parte dos Estados, quando estes optaram por ratificar os tratados internacionais de direitos humanos.

A cooperação internacional em direitos humanos lançou diversos enigmas para a política internacional. Por que os Estados aceitam participar de tratados internacionais de direitos humanos se essas normas impõem limites e submetem "relações domésticas" aos padrões e escrutínio do resto do mundo? Por que os Estados participam de um sistema normativo acentuadamente inclinado a gerar obrigações internacionais e responsabilizá-los por atos internos? Por que os Estados cumprem voluntariamente obrigações internacionais de direitos humanos, mesmo sendo raras as sanções diretas pela falta de cumprimento?

Mais tarde, as contradições de uma política internacional amparada em um edifício normativo sofisticado, mas permeada por persistentes violações de direitos humanos, fizeram com que novos dilemas se sobrepusessem. Por que as violações de direitos humanos persistem, se há ampla aceitação dos tratados internacionais de direitos humanos ao redor do globo? Se os tratados internacionais de direitos humanos são limitados em sua capacidade de obrigar os Estados a cumprirem os objetivos de direitos humanos, em que condições as normas internacionais de direitos humanos funcionam? Afinal, qual a importância dessas normas? Essas questões aparentemente enigmáticas oferecem oportunidade praticamente única para testar as visões predominantes nas Relações Internacionais no que diz respeito ao comportamento dos atores diante das normas internacionais e aos fatores capazes de produzir mudanças e continuidades na política internacional.

IMPACTOS DAS NORMAS INTERNACIONAIS DE DIREITOS HUMANOS

Os enigmas dos direitos humanos na política internacional oferecem um roteiro coerente para acompanhar o desenvolvimento dos estudos das Relações Internacionais no assunto. O extenso e complexo debate presente na literatura de Relações Internacionais sobre as particularidades das normas internacionais de direitos humanos e seus impactos sobre o comportamento dos atores pode ser periodizado em função dos principais estágios de evolução normativa. De modo geral, os tratados internacionais surgem, se difundem e são, na maior parte das vezes, cumpridos pelos Estados. Logo, cada estágio normativo (surgimento, difusão e cumprimento) pressupõe expectativas de comportamento dos atores. Essa sistematização operacionaliza respostas para os enigmas do porquê os Estados ratificam tratados internacionais, participam de regimes normativos e cumprem as obrigações internacionais em matéria de direitos humanos. O quadro a seguir organiza a repercussão desses debates na literatura de Relações Internacionais, discernindo como as principais abordagens da área articularam suas premissas ao tema dos direitos humanos na política internacional.

Quadro 5 – Principais abordagens das Relações Internacionais e os enigmas dos direitos humanos na Política Internacional

Abordagem RI Normas Internacionais Direitos Humanos	Realista	Liberal-institucionalista	Construtivista
Surgimento	Imposição hegemônica	Compromisso entre democracias liberais	Mobilização normativa
Difusão	Dominação hegemônica	Institucionalização internacional Compatibilidade doméstica	Imitação ------------ Cascata normativa
Cumprimento	Coincidência ------------ Incentivos e sanções	Preferência doméstica ------------ Mobilização grupos domésticos	Socialização transnacional

Fonte: Elaborado pela autora, com base em Schmitz e Sikkink (2002).

A abordagem realista concebe o surgimento, difusão e cumprimento das normas internacionais de direitos humanos a partir da lógica de poder e da racionalidade estatal. Nessa perspectiva, as normas internacionais, quando existentes, são consideradas epifenômenos, isto é, resultados acessórios ou acidentais dos processos internacionais, não produzindo impactos por si sós sobre a política internacional. As normas internacionais, quando existentes, são reflexos dos resultados políticos pretendidos e articulados pelos Estados poderosos. Assim, a distribuição de poder entre os Estados estabelece quem manda (determina e impõe) e quem obedece (aceita e cumpre) as normas internacionais.

Na lógica realista, o surgimento das normas internacionais de direitos humanos ocorre quando um poder hegemônico ou grupo dominante de Estados define e impõe padrões de relacionamento Estado-indivíduo a outros Estados. Os Estados poderosos estabelecem as normas internacionais de direitos humanos nos moldes dos seus padrões domésticos ou conforme os rumos ditados pelos seus interesses, definidos em termos geopolíticos, ideológicos ou reputacionais. Uma vez definidas, as normas internacionais de direitos humanos são impostas aos Estados menos poderosos, os quais as acatam como forma de evitar conflitos, sofrer sanções e, eventualmente, se beneficiar dos incentivos condicionados pelos Estados poderosos. Logo, se as normas internacionais de direitos humanos instrumentalizam os interesses dos Estados poderosos, os esforços internacionais para proteger os direitos humanos não passariam de *cheap talk*: a proteção internacional dos direitos humanos seria apenas um exemplo de como governos poderosos utilizam argumentos ideológicos liberais para justificar ações que, na verdade, buscam maximizar riqueza e poder.

A difusão das normas internacionais de direitos humanos na política internacional se dá em função do resultado das estratégias políticas de dominação e de manutenção de poder pelos Estados poderosos. Assim, a própria trajetória das normas de direitos humanos reflete, de forma mais ampla, a ascensão e queda de poderes na política internacional. Portanto, se as normas internacionais de direitos humanos apresentam progresso ou expansão, é porque os Estados poderosos assumiram os direitos humanos como instrumento estratégico na política internacional.

As razões para o cumprimento das normas internacionais de direitos humanos variam conforme a distribuição de poder entre os Estados. Os Estados poderosos cumprem as normas internacionais porque elas coincidem com os padrões domésticos já aplicados por esses Estados ou porque coadunam com seus interesses na política internacional. Os Estados menos poderosos, por sua vez, as cumprem em razão das ameaças, constrangimentos e incentivos que recebem para adotar os padrões domésticos dos Estados poderosos, refletidos nas normas internacionais. Dessa forma, os Estados poderosos apresentam maior propensão a cumprir as normas internacionais de direitos humanos; ao passo que os Estados menos poderosos se tornam mais propensos a cumpri-las à medida que os mecanismos de *enforcement* aplicados pelos Estados poderosos sejam mais fortes e assertivos.

Apesar de coerente, a abordagem realista enfrenta problemas de confirmação empírica no que se refere às suas hipóteses de surgimento, difusão e cumprimento das normas internacionais de direitos humanos. A história da proteção internacional dos direitos humanos destaca que eventos determinantes divergem significativamente da lógica de poder, evidenciando que foram justamente os Estados menos poderosos os principais promotores de normas internacionais de direitos humanos. Além disso, no que se refere ao cumprimento das normas internacionais, é pouco comum observar episódios na política internacional em que Estados poderosos constrangem, ameaçam ou conferem incentivos a outros Estados em troca de apoio explícito às normas internacionais de direitos humanos.

A abordagem liberal-institucionalista concebe o surgimento, difusão e cumprimento das normas internacionais de direitos humanos a partir da lógica da racionalidade estatal e do poder relativo de grupos domésticos nas democracias liberais. Nessa perspectiva, as normas internacionais são vistas como acordos voluntários entre os Estados que, cooperando entre si, promovem elementos de previsibilidade e estabilidade para o sistema internacional. A articulação de preferências domésticas e o cálculo estratégico dos Estados ganham importância central na explicação dos resultados da política internacional, não sendo possível compreender as decisões tomadas pelo Estado no plano internacional sem antes entender as políticas e estruturas domésticas que as ensejaram. Assim, o poder relativo de grupos domésticos dentro dos Estados define os resultados produzidos na política internacional.

Para os liberais-institucionalistas, as democracias liberais apresentam estruturas domésticas que favorecem ideias como a proteção internacional dos direitos humanos. Normas e estruturas domésticas como a limitação dos governos pelos governados, a pluralidade de ideias, a preservação de direitos, a resolução pacífica de conflitos, a prevalência das normas como intermédio para as relações sociais (*rule of law*) e a democracia constituem substratos importantes para a formulação de preferências entre grupos domésticos. Essas estruturas domésticas comuns às democracias liberais se refletiriam na formulação de preferências quanto aos direcionamentos dos Estados nas relações internacionais. Desse modo, democracias liberais tenderiam a priorizar normas e instituições internacionais, a resolução pacífica de disputas, a delegação de autoridade às instituições supranacionais e as normas internacionais de direitos humanos como compromissos que, no longo prazo, conferem estabilidade ao sistema internacional e sobrevida política às próprias democracias liberais.

Na lógica liberal-institucionalista, o surgimento das normas internacionais de direitos humanos ocorre quando grupos domésticos de alguns Estados (democracias liberais) buscam trancafiar suas preferências pela proteção de determinados valores (dignidade humana, paz, democracia, justiça) no plano internacional por intermédio de compromissos internacionais de longo prazo. Esse recurso das democracias liberais de trancafiar suas preferências domésticas no plano internacional, por meio de normas internacionais de direitos humanos, seria uma forma de blindar essas democracias contra retrocessos e ameaças antidemocráticas comuns nos processos de alternância de governo.

Portanto, a difusão das normas internacionais de direitos humanos na política internacional se daria conforme a percepção dos grupos domésticos quanto às ameaças aos governos democráticos, principalmente no que se refere aos Estados recém-democratizados ou às democracias instáveis. À medida que grupos domésticos observam indícios de instabilidade política doméstica, passam a articular coalizões, muitas vezes transnacionais, para firmar novos compromissos internacionais de direitos humanos, a fim de evitar retrocessos e prejuízos às estruturas e preferências democráticas de um governo. A difusão das normas internacionais de direitos humanos depende tanto do adensamento da institucionalização internacional, quanto da compatibilidade das normas internacionais de direitos humanos com as estruturas e preferências domésticas preexistentes nos Estados. Assim, a abordagem liberal-institucionalista acaba reconhecendo um papel limitado das normas internacionais de direitos humanos sobre o comportamento dos Estados na política internacional, de modo que as normas internacionais de direitos humanos contribuem para proteger determinados valores, à medida que ameaças a esses valores são percebidas como suscetíveis de provocar rupturas domésticas.

O cumprimento das normas internacionais de direitos humanos pelas democracias liberais ocorre porque essas normas coincidem com as preferências domésticas do Estado na política internacional. No caso dos Estados recém-democratizados ou das democracias instáveis, as normas tendem a ser cumpridas porque esses compromissos internacionais mobilizam grupos domésticos que, por sua vez, pressionam seus governos ao cumprimento. Nesse caso, o cumprimento das normas internacionais de direitos humanos demonstraria o efeito favorável do Direito Internacional e das instituições internacionais sobre o comportamento e os interesses domésticos.

A aplicação da abordagem liberal-institucionalista às normas e instituições internacionais de direitos humanos encontra-se presente no artigo de Andrew Moravcsik, "The Origins of Human Rights Regimes: Democratic Delegation in Postwar Europe" (2000), publicado na *International Organization*. No texto, o autor descreve o estabelecimento das instituições internacionais de direitos humanos como resultado de um movimento racional e autointeressado de Estados recém-democratizados em delegar, seletiva e parcialmente, autoridade aos órgãos supranacionais de direitos humanos para dar sobrevida aos regimes políticos recentemente instituídos na Europa após a Segunda Guerra Mundial. Essa tese se confirma no caso do surgimento do Sistema Europeu de Direitos Humanos, na década de 1950, e se adequa às análises sobre a evolução do Sistema

Interamericano de Direitos Humanos, após os processos de transição democrática na América Latina e Central.

A abordagem construtivista concebe o surgimento, difusão e cumprimento das normas internacionais de direitos humanos a partir das lógicas de apropriação e construção de identidades normativas. Nessa perspectiva, as normas internacionais possuem um papel independente e destacado, de modo que o ambiente normativo onde os atores encontram-se inseridos é determinante para transformar padrões de comportamento que venham a constituir identidades, estruturas e propostas legítimas na política internacional. As normas internacionais, mais do que simplesmente intervirem no cálculo racional de interesses, têm a capacidade de induzir mudanças constitutivas nas identidades, nos interesses e nos padrões comportamentais dos atores domésticos e internacionais. Em particular, as normas internacionais de direitos humanos carregam um potencial profundamente transformador sobre as relações internacionais ao veicularem concepções básicas de dignidade humana como eixos determinantes para constituir o comportamento dos atores. Dessa forma, é a construção social a respeito dos valores fundamentais que confere força normativa às normas internacionais de direitos humanos. Assim, as mudanças na política internacional são resultado da transformação dos termos e natureza dos debates políticos empreendidos pelos atores nos planos domésticos e internacional.

Na lógica construtivista, o surgimento das normas internacionais de direitos humanos ocorre como resultado de repetidas interações entre atores estatais e não estatais. Dessas interações, emerge e se consolida gradualmente a ideia de universalidade dos direitos humanos como vetor para as relações internacionais. O ponto de partida para o surgimento de uma norma internacional de direitos humanos geralmente se dá quando uma "massa crítica de Estados" se associa a outros atores não estatais para definir e induzir mudanças no sistema internacional. As crises nacionais e internacionais formam conjunturas propícias à emergência de normas internacionais de direitos humanos, uma vez que o estremecimento das estruturas de poder na política internacional favorece o questionamento dos atores quanto às identidades e finalidades do sistema internacional. As conferências internacionais tornam visíveis os sucessivos processos de construção social de identidades e instituições na política internacional, momento em que as normas internacionais de direitos humanos são debatidas, esboçadas, votadas e difundidas.

A abordagem construtivista diverge quanto à explicação da difusão das normas internacionais de direitos humanos na política internacional. Para um segmento construtivista, as normas internacionais de direitos humanos se difundem através de discursos sobre padrões de comportamento legítimos na política internacional. Os Estados, seja por incertezas informativas ou por cálculos consequencialistas, imitam retoricamente uns aos outros, se adequando apenas superficialmente às normas internacionais de direitos humanos. Esse segmento construtivista lança a hipótese de dissociação entre retórica e prática dos Estados na política internacional. Assim, apesar de reconhecer a crescente saliência das normas internacionais de direitos humanos na política internacional, essa perspectiva construtivista minimiza o potencial transformador das normas internacionais de direitos humanos sobre a identidade, os interesses e os padrões de comportamento dos Estados.

Para outro segmento construtivista, as normas internacionais de direitos humanos se difundem por meio de um processo denominado cascata normativa. A cascata normativa corresponde a um processo lento e persistente de mobilização e apoio a uma norma internacional até que ela atinja um determinado *status* na comunidade internacional e passe a influenciar *policy makers* domésticos. A adoção das normas internacionais de direitos humanos por parte de alguns Estados produz um efeito cascata, a partir do qual a norma passa a ser adotada mais rapidamente por outros membros da comunidade internacional. Nesses processos de difusão das normas internacionais de direitos humanos se destaca o papel dos atores não estatais que, agindo em rede e por meio do padrão bumerangue de influência, criam conexões entre os planos internacional e doméstico para persuadir os Estados a adotar normas e comportamentos definidos como legítimos na política internacional. Um conceito particular desse seguimento construtivista é o padrão bumerangue de influência das redes transnacionais de *advocacy*, cuja ideia captura a cooperação entre uma série de atores não estatais (ONGs, igrejas, sindicatos, partidos políticos, fundações, mídia, organizações internacionais, segmentos da burocracia governamental, acadêmicos, comunidades epistêmicas, entre outros atores sociais alinhados em objetivos pró-direitos humanos) para exercer pressão de "baixo" e de "cima" sobre os Estados. O padrão bumerangue se inicia quando um Estado bloqueia os canais governamentais de acesso às demandas dos atores domésticos. Esses atores domésticos contornam o bloqueio estatal ativando redes transnacionais no exterior, de modo que os membros domésticos pressionam os Estados de "baixo" e os membros no exterior passam a exercer pressão de "cima" para que o Estado modifique suas práticas de direitos humanos.

O cumprimento das normas internacionais de direitos humanos acontece à medida que os processos de socialização transnacional continuam ativos. A pressão continuada das redes transnacionais de *advocacy* sobre os processos domésticos posteriores à emergência e à internalização de normas de direitos humanos é determinante para transformar o comportamento dos atores e, dessa forma, alcançar-se o cumprimento dessas normas. Assim, processos relativos à educação, ao monitoramento e à participação de atores sociais nas estruturas políticas e sociais domésticas ganham importância na explicação dos motivos pelos quais as normas internacionais de direitos humanos são ou não cumpridas.

A aplicação da abordagem construtivista aos processos transnacionais de direitos humanos encontra-se presente na obra de Margareth Keck e Kathryn Sikkink, *Activists Beyond Borders* (1998). Nesse livro premiado, as autoras articularam parte da abordagem construtivista das Relações Internacionais para explicar como o ativismo transnacional tem um papel significativo sobre os resultados observados na política global. Em um dos casos analisados, as autoras destacam o papel das redes transnacionais de *advocacy* na América Latina para transformar entendimentos prevalentes na política internacional quanto ao paradigma de proteção estatal dos direitos humanos. Elas argumentam que o empreendedorismo normativo particular da região latino-americana, articulado em redes, contribuiu para transformar a percepção de direitos humanos de "ideia radical na política internacional" em "parte integral da política externa e das relações internacionais contemporâneas". Essa obra se tornou uma das mais influentes nas Relações Internacionais por oferecer, entre outras contribuições, caminhos para pensar como outras ideias potencialmente transformadoras podem produzir impacto sobre o sistema internacional.

EFETIVIDADE DA PROTEÇÃO INTERNACIONAL DOS DIREITOS HUMANOS

As contradições de um mundo amparado por sistemas internacionais de direitos humanos e insistentemente sujeito às suas frequentes violações suscitaram novos dilemas para as Relações Internacionais. As principais abordagens das Relações Internacionais apontaram caminhos lógicos para resolver os enigmas dos direitos humanos na política internacional, cada qual especificando diferentes condições em que se espera que os Estados acatem as normas internacionais de direitos humanos. Apesar disso, o contraste entre tendências crescentes de aceitação das normas internacionais de direitos humanos e recorrência de graves violações de direitos humanos estimulou pesquisadores a estudar, em profundidade, a efetividade da proteção internacional dos direitos humanos. Os desenhos de pesquisa para atingir esse objetivo pretenderam testar as principais hipóteses formuladas na literatura a partir da observação do comportamento dos Estados ao ratificar ou deixar de ratificar os tratados internacionais de direitos humanos.

O debate sobre a efetividade da proteção internacional dos direitos humanos pode ser sintetizado a partir dos resultados das pesquisas quanto à possibilidade de as normas internacionais de direitos humanos produzirem impacto sobre as práticas de direitos humanos. A proposição inicial desse debate se orientou por meio de questões genéricas, embora elementares para as Relações Internacionais: as normas internacionais de direitos humanos importam para a política internacional? Elas fazem ou não a diferença na mudança do comportamento dos Estados? Esse tipo de questionamento indeterminado se operacionalizou a partir de um foco restrito na análise do impacto dos tratados internacionais de direitos humanos sobre as práticas estatais abusivas de direitos humanos. Por volta dos anos 2000, uma série de pesquisas, de natureza quantitativa e qualitativa, buscou determinar os efeitos da ratificação das convenções internacionais de direitos humanos sobre o comportamento estatal. Essas pesquisas chegaram a resultados que podem ser organizados a partir das conclusões de tendência pessimistas, céticas ou otimistas quanto aos efeitos da ratificação de tratados internacionais de direitos humanos sobre as práticas estatais.

As pesquisas caracterizadas por chegarem a conclusões de tendência pessimista afirmam que os tratados internacionais de direitos humanos geralmente não produzem impacto sobre as práticas estatais abusivas de direitos humanos e, algumas vezes, geram efeitos negativos. Um dos estudos mais influentes nesse conjunto de pesquisas é de Oona Hathaway, "Do Human Rights Treaties Make a Difference?" (2002), publicado no *Yale Law Journal*. A autora avalia correlações entre a ratificação de convenções e protocolos internacionais de direitos humanos e os índices de genocídio, tortura, devido processo, liberdades civis e direitos políticos das mulheres em cerca de 100 Estados. Essa pesquisa concluiu que, geralmente, Estados com piores práticas de direitos humanos ratificam mais tratados internacionais de direitos humanos do que Estados com melhor desempenho no assunto e que, ao contrário do que se espera, as práticas abusivas de direitos humanos se intensificam após a ratificação de tratados internacionais de direitos humanos.

O trabalho de Emilie Hafner-Burton e Kiyoteru Tsutsui, "Human Rights in a Globalizing World: The Paradox of Empty Promisses" (2005), publicado no *American Journal of Sociology*, chega a conclusões semelhantes. Os autores examinaram o impacto da ratificação das principais convenções internacionais de direitos humanos no âmbito das Nações Unidas sobre o nível de repressão governamental aos cidadãos, tomando como parâmetro dados relativos a assassinatos, tortura, desaparecimento forçado e prisões políticas. Essa pesquisa concluiu que Estados que ratificam muitos tratados internacionais de direitos humanos não estão necessariamente mais propensos a proteger os direitos humanos dos seus cidadãos e que, pelo contrário, muitas vezes mostram mais propensão a desrespeitar esses direitos, mesmo quando comparados a Estados que não os ratificam.

As pesquisas caracterizadas por chegarem a conclusões de tendência pessimista argumentam que os impactos negativos decorrentes da ratificação de tratados internacionais de direitos humanos ocorrem porque os Estados agem de maneira oportunista ao ratificar essas normas internacionais. A ratificação de tratados internacionais de direitos humanos seria uma oportunidade de os Estados aproveitarem os benefícios imediatos do compromisso (como a sinalização pública da posição do Estado para com a comunidade internacional), sem se preocupar com ônus posteriores de cumprimento dessas normas. Essa oportunidade, em específico, se apresenta aos Estados porque os tratados internacionais de direitos humanos não contam com mecanismos de *enforcement* intrínsecos e porque essas normas ensejam raros reforços externos, como sanções ou represálias interestatais. Nesse cenário, as ratificações de tratados internacionais de direitos humanos passariam a funcionar, na ótica dos Estados, tanto como substitutos para esforços mais onerosos de direitos humanos, quanto como escudos contra críticas internacionais à continuidade de práticas repressivas. É com base nesses argumentos que as pesquisas de tendência mais pessimista quanto aos efeitos da ratificação dos tratados internacionais de direitos humanos explicam e confirmam as contradições de direitos humanos na política internacional.

As pesquisas caracterizadas por chegarem a conclusões de tendência cética afirmam que os tratados internacionais de direitos humanos produzem algum impacto sobre as práticas estatais abusivas de direitos humanos, algumas vezes gerando efeitos negativos e outras vezes gerando efeitos positivos. Um dos estudos mais influentes nesse conjunto de pesquisas é o trabalho de Eric Neumayer, "Do International Human Rights Treaties Improve Respect for Human Rights?" (2005), publicado, no *Journal of Conflict Resolution*. O autor examina os efeitos da ratificação da Convenção Internacional dos Direitos Civis e Políticos e seu Primeiro Protocolo Opcional, da Convenção contra a Tortura e de tratados regionais de direitos humanos correlatos na Europa, Américas e África sobre o comportamento dos Estados. Essa pesquisa concluiu que, em geral, a ratificação de tratados internacionais de direitos humanos tende a produzir efeitos negativos ou positivos sobre o comportamento dos Estados conforme o regime político vigente, de modo que: em Estados mais autocráticos, a ratificação tende a não ter efeitos ou a produzir efeitos negativos; em Estados mais democráticos, tende a produzir efeitos positivos.

Outro trabalho de destaque nesse conjunto de pesquisas caracterizadas por chegarem a conclusões céticas refere-se à obra de Beth Simmons, *Mobilizing for Human Rights: International Law in Domestic Politics* (2009). Nessa obra premiada, a autora combina uma proposição teórica robusta sobre as condições de compromisso e cumprimento das normas internacionais de direitos humanos com um esforço empírico extensivo sobre a ratificação de diversas convenções internacionais de direitos humanos e seus efeitos sobre práticas estatais abusivas de direitos humanos. Para a autora, as características domésticas dos Estados indicam a probabilidade de compromisso genuíno ou estratégico dos Estados com os tratados internacionais de direitos humanos. Características como regime político democrático, orientação cultural cristã, orientação ideológica de governos de esquerda, processos legislativos de ratificação simplificados, descentralização federativa e instituições judiciais baseadas no direito consuetudinário são condições que aumentam as chances de um Estado ratificar e cumprir tratados internacionais de direitos humanos. Um diferencial do trabalho de Beth Simmons é não deixar de considerar circunstâncias em que os Estados ratificam os tratados internacionais de direitos humanos como sinal de compromisso estratégico, visando a benefícios imediatos, como a contenção de críticas, o recebimento de elogios, a equiparação aos Estados conhecidos como "*good international citzens*", o fortalecimento de reivindicação ao direito de participar em discussões internacionais futuras e o apoio de constituintes domésticos.

As pesquisas caracterizadas por chegarem a conclusões céticas argumentam que os impactos decorrentes da ratificação de tratados internacionais de direitos humanos ocorrem tanto em razão das características domésticas, como em função de cálculos estratégicos. Assim, para que a ratificação dos tratados internacionais produza efeitos positivos, os Estados precisam apresentar condições políticas e institucionais para que grupos domésticos, partidos, indivíduos e sociedade civil possam livremente persuadir, convencer e exercer pressão sobre os governos, como forma de traduzir compromissos internacionais formais de direitos humanos em melhorias concretas. Dessa maneira, embora os tratados internacionais de direitos humanos não ofereçam dispositivos normativos intrínsecos que reforcem as obrigações internacionais, ou ainda que raramente sejam aplicadas sanções ou represálias interestatais ao descumprimento dessas normas, a própria existência de tratados internacionais de direitos humanos ratificados gera consequências locais profundas sobre os agentes primários da mudança doméstica, que se valem das normas internacionais para influenciar a agenda do poder Executivo, promover a litigância no poder Judiciário e mobilizar cidadãos.

Por fim, as pesquisas caracterizadas por chegarem a conclusões de tendência otimista afirmam que os tratados internacionais de direitos humanos carregam o potencial de produzir impactos positivos sobre as práticas estatais abusivas de direitos humanos. Um dos esforços intelectuais mais prolongados de exame sobre a efetividade das normas internacionais de direitos humanos refere-se aos livros *The Power of Human Rights: International Norms and Domestic Change* (1999) e *The Persistent Power of Human Rights: from Commitment to Compliance* (2013), ambos de Thomas Risse, Stephen Ropp e Kathryn Sikkink. Nessas obras, os autores criam um modelo teórico para explicar o processo pelo qual as normas internacionais de direitos humanos são traduzidas em práticas domésticas, reunindo diversos estudos de caso (como Chile, África do Sul, Polônia, Indonésia, Quênia, Guatemala, Marrocos, Tunísia, China, Israel, Estados Unidos, entre outros) para confirmar o modelo proposto.

O "modelo espiral de mudança normativa" sugere um padrão de progresso em direitos humanos generalizável entre diferentes tipos de regimes políticos, sistemas socioeconômicos e regiões. De acordo com o modelo espiral, as normas internacionais de direitos humanos são transformadas em práticas domésticas ao passar por cinco fases de socialização normativa. A primeira fase corresponde à situação de repressão estatal, em que os grupos domésticos raramente conseguem obter informações sobre violações de direitos humanos ou convencer líderes autoritários a mudar suas práticas repressivas. A segunda fase corresponde à negação estatal, em que grupos domésticos, relativamente enfraquecidos, passam a registrar informações capazes de dar início a processos de *advocacy* junto a outros atores no exterior (organizações internacionais e outros Estados democráticos). Ao negar a existência de repressão doméstica em fóruns e instituições internacionais, o Estado repressor se engaja discursivamente, dando início ao processo de socialização internacional. A terceira fase corresponde às concessões táticas, em que o Estado repressor faz uso de concessões estratégicas (assinatura de tratados internacionais, libertação de prisioneiros políticos, demonstração de tolerância aos protestos civis) para evitar críticas internacionais, ao mesmo tempo que aumenta o nível de repressões domésticas. Contudo, as concessões táticas têm um efeito secundário de facilitar a rápida mobilização dos grupos de *advocacy* domésticos para continuar pressionando os Estados. A quarta fase corresponde ao *status* prescritivo, em que as normas de direitos humanos passam a fazer parte das ações, práticas e discursos estatais no plano doméstico e internacional. É quando o Estado passa a ratificar tratados internacionais, mudar legislações domésticas, criar novas instituições domésticas de direitos humanos e se referir regularmente aos direitos humanos durante discursos administrativos e burocráticos. A última fase corresponde ao comportamento consistente e em conformidade com os tratados internacionais de direitos humanos, em que a mudança de práticas estatais resulta da continuidade da mobilização dos grupos locais pró-direitos humanos.

As pesquisas caracterizadas por chegarem a conclusões otimistas argumentam que os impactos positivos decorrentes da ratificação de tratados internacionais de direitos humanos ocorrem de forma progressiva, conforme os processos transnacionais promovem a socialização normativa entre diversos atores nos planos doméstico e internacional. Isso implica reconhecer que as mudanças de direitos humanos constituem necessariamente processos lentos e graduais porque dependem de diversas etapas deliberativas, em que as ideias de direitos humanos passam a ser "nutridas e cultivadas" como legítimas aspirações da humanidade. Essa perspectiva sobre os processos transnacionais em direitos humanos também implica reconhecer que os processos transnacionais de direitos humanos enfrentam resistências, mesmo após a consolidação de objetivos de direitos humanos em normas internacionais. Dessa forma, as conquistas de direitos humanos, vislumbradas na assinatura e ratificação de tratados internacionais de direitos humanos, estão suscetíveis à reversão ou retrocessos, o que explica parte das contradições de direitos humanos na política internacional.

O debate sobre a efetividade da proteção internacional dos direitos humanos – independentemente de tendências pessimistas, céticas ou otimistas quanto aos impactos das normas internacionais de direitos humanos sobre as práticas de direitos humanos no mundo – leva a um entendimento em comum. Apesar de os tratados internacionais de direitos humanos não se traduzirem automaticamente em respeito dos governos aos direitos dos indivíduos e grupos, essa constatação não permite afirmar que as normas de direitos humanos sejam completamente ineficazes. A avaliação empírica da realidade dos direitos humanos ao redor do mundo, conforme acessada pelos estudos anteriormente indicados, sugere que os tratados internacionais de direitos humanos produzem múltiplos efeitos, sob diversas condições e circunstâncias, para os diferentes atores internacionais.

Os resultados de direitos humanos observados na política internacional raramente decorrem de uma única força ou fator. A efetividade da proteção internacional dos direitos humanos encontra-se condicionada pelos motivos genuínos ou estratégicos balizadores do comportamento estatal, pela possibilidade de aplicação de mecanismos internacionais de *enforcement*, pela promoção de valores compartilhados, pelo nível de internalização normativa, pela provocação da interpretação judicial, pela influência dos atores sobre a agenda parlamentar e por todos esses elementos de uma única vez. O aprofundamento dos estudos e pesquisas em direitos humanos podem elucidar a preponderância de uma condição sobre a outra em casos concretos, além de ajudar a delinear, com maior precisão, ferramentas e cenários propícios ao avanço dos objetivos de direitos humanos no mundo. A identificação dos agentes primários e subsidiários da mudança social e política, dos espaços institucionais de informação e tomada de decisão, assim como o conhecimento das especificidades das dinâmicas globais de direitos humanos são elementos fundamentais para análises políticas criteriosas e boas práticas profissionais no campo dos direitos humanos.

Quadro-Resumo da Proteção Internacional dos Direitos Humanos

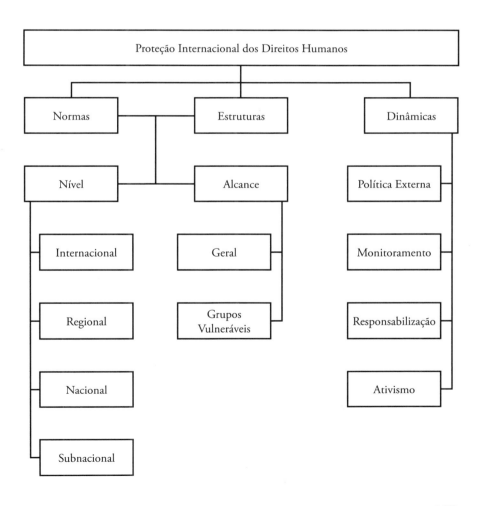

Lista de direitos humanos protegidos pelo Direito Internacional

1. Não discriminação
2. Vida
3. Liberdade e segurança
4. Proteção contra escravidão e servidão
5. Proteção contra tortura
6. Personalidade
7. Igualdade formal
8. Remédios legais
9. Proteção contra prisão arbitrária, detenção ou exílio
10. Acesso a tribunais imparciais e independentes
11. Presunção de inocência
12. Proteção contra leis *ex post facto*
13. Privacidade
14. Liberdade de movimento
15. Nacionalidade
16. Direitos de casar e constituir família
17. Proteção e assistência às famílias
18. Livre consentimento de mulheres para casamento
19. Igualdade de direitos no casamento
20. Liberdade de pensamento, consciência e religião
21. Liberdade de opinião e expressão
22. Liberdade de imprensa
23. Liberdade de associação

24 Participação nos governos
25 Segurança social
26 Direitos do trabalho
27 Direito de associação sindical
28 Direito ao repouso, lazer e férias remuneradas
29 Padrão adequado de vida
30 Educação
31 Participação na vida cultural, social e científica
32 Autodeterminação política e econômica
33 Proteção e assistência às crianças
34 Proteção e assistência aos idosos
35 Proteção e assistência às mulheres
36 Proteção e assistência aos trabalhadores migrantes
37 Proteção e assistência às populações indígenas
38 Proteção e assistência aos refugiados
39 Proteção e assistência aos civis durante guerras
40 Proteção e assistência às minorias nacionais
41 Proteção e assistências às pessoas deficientes
42 Proteção e assistência à população campesina
43 Proteção contra a fome e desnutrição
44 Direito à saúde
45 Direitos de propriedade
46 Direito à educação primária obrigatória
47 Tratamento humano quando privado de liberdade
48 Proteção contra prisão por dívida
49 Proibição de propaganda de guerra e incitação ao ódio e à discriminação
50 Acesso aos serviços públicos
51 Democracia
52 Paz
53 Ambiente sustentável
54 Desenvolvimento
55 Proibição das penas de morte
56 Proibição do apartheid
57 Asilo
58 Refúgio
59 Proteção contra crimes contra a humanidade
60 Limites legais à extradição

Fonte: Elaborado pela autora com base em Landman e Carvalho (2010) e nos dados disponibilizados pelo Escritório do Alto Comissariado das Nações Unidas para os Direitos Humanos.

Cronologia dos principais eventos internacionais de direitos humanos

Eventos internacionais anteriores ao estabelecimento da Proteção Internacional dos Direitos Humanos

- 1863 – Primeira Convenção de Genebra
- 1906 – Segunda Convenção de Genebra
- 1919 – Fundação da Organização Internacional do Trabalho
- 1926 – Convenção Contra a Escravidão
- 1928 – Convenção sobre Asilo
- 1929 – Terceira Convenção de Genebra

Eventos Internacionais após o estabelecimento da Proteção Internacional dos Direitos Humanos

Década de 1940

1945 – Carta da Organização das Nações Unidas
1946 – Criação da Comissão de Direitos Humanos da ONU
1948 – Declaração Americana de Direitos e Deveres do Homem
1948 – Carta da Organização dos Estados Americanos
1948 – Declaração Universal dos Direitos Humanos
1948 – Convenção sobre a Prevenção e Punição do Crime de Genocídio
1949 – Convenção de Genebra sobre o Tratamento dos Prisioneiros de Guerra
1949 – Convenção de Genebra sobre a Proteção de Pessoas Civis Durante a Guerra
1949 – Convenção Para a Supressão do Tráfico de Pessoas e da Exploração para a Prostituição de Terceiros
1949 – Carta do Conselho da Europa

Década de 1950

1950 – Criação do Alto Comissariado das Nações Unidas para Refugiados
1950 – Convenção Europeia sobre Direitos Humanos e Liberdades Fundamentais
1951 – Convenção sobre o Estatuto dos Refugiados
1954 – Convenção Cultural Europeia
1959 – Criação da Comissão Interamericana de Direitos Humanos
1959 – Criação da Corte Europeia de Direitos Humanos

Década de 1960

1961 – Carta Social Europeia
1965 – Convenção Internacional sobre a Eliminação de Todas as Formas de Discriminação Racial

1966 – Pacto Internacional de Direitos Civis e Políticos
1966 – Pacto Internacional dos Direitos Econômicos, Sociais e Culturais
1966 – Protocolo Facultativo do Pacto Internacional de Direitos Civis e Políticos
1967 – Protocolo do Estatuto dos Refugiados
1968 – Realização da Primeira Conferência Internacional de Direitos Humanos em Teerã
1968 – Criação da Comissão Árabe dos Direitos Humanos
1969 – Convenção Americana sobre os Direitos Humanos
1969 – Criação da Corte Interamericana de Direitos Humanos

Década de 1970

1974 – Declaração Universal sobre a Erradicação da Fome e Desnutrição
1975 – Declaração sobre o Uso dos Progressos Científicos e Tecnológicos no Interesse da Paz e em Benefício da Humanidade
1977 – Convenção do Conselho da Europa sobre o Status Legal do Trabalhador Migrante
1979 – Convenção sobre a Eliminação de Todas as Formas de Discriminação Contra a Mulher

Década de 1980

1981 – Carta Africana dos Direitos Humanos e dos Povos
1981 – Convenção do Conselho da Europa para a Proteção de Indivíduos em relação ao Processamento Automático de Dados Pessoais
1983 – Protocolo da Convenção Europeia sobre Direitos Humanos e Liberdades Fundamentais para Abolição da Pena de Morte
1984 – Convenção Contra a Tortura e Outros Tratamentos Penais Cruéis, Desumanos ou Degradantes

1984 – Declaração de Cartagena Sobre os Refugiados
1985 – Convenção Interamericana para Prevenir e Punir a Tortura e Outros Tratamentos Penais Cruéis, Desumanos ou Degradantes
1986 – Declaração sobre o Direito ao Desenvolvimento
1986 – Criação da Comissão Africana de Direitos Humanos
1986 – Convenção do Conselho da Europa sobre o Reconhecimento de Personalidade Legal às Organizações Não Governamentais
1987 – Convenção do Conselho da Europa para Prevenção à Tortura e Outros Tratamentos Penais Cruéis, Desumanos ou Degradantes
1988 – Protocolo Adicional à Convenção Americana sobre os Direitos Humanos em Matéria de Direitos Econômicos, Sociais e Culturais (Protocolo de San Salvador)
1988 – Protocolo Adicional à Carta Social Europeia
1989 – Segundo Protocolo Facultativo do Pacto Internacional de Direitos Civis e Políticos destinado a Abolir a Pena de Morte
1989 – Convenção sobre os Direitos da Criança
1989 – Convênio sobre Povos Indígenas e Tribais em Países Independentes

Década de 1990

1990 – Convenção Internacional sobre a Proteção dos Direitos de Todos os Trabalhadores Migrantes e seus Familiares
1990 – Protocolo Adicional à Convenção Americana sobre os Direitos Humanos e sobre a Abolição da Pena de Morte
1991 – Princípios das Nações Unidas para Pessoas Idosas
1991 – Protocolo de Emenda à Carta Social Europeia
1992 – Declaração sobre a Proteção de Todas as Pessoas e contra o Desaparecimento Forçado e Involuntário
1993 – Segunda Conferência de Direitos Humanos da ONU em Viena

1993 – Declaração e Programa de Ação de Viena
1993 – Protocolos 1 e 2 à Convenção do Conselho da Europa para Prevenir e Punir a Tortura e Outros Tratamentos Penais Cruéis, Desumanos ou Degradantes
1994 – Criação do Alto Comissariado das Nações Unidas para os Direitos Humanos
1994 – Convenção Interamericana para Prevenir, Punir e Erradicar a Violência contra a Mulher (Convenção de Belém do Pará)
1994 – Convenção Interamericana sobre o Desaparecimento Forçado de Pessoas
1994 – Carta Árabe dos Direitos Humanos (revisada em 2004)
1995 – Convenção-Quadro para Proteção de Minorias Nacionais na Europa
1996 – Convenção do Conselho da Europa sobre o Exercício dos Direitos da Criança
1996 – Revisão da Carta Social Europeia
1997 – Declaração sobre o Genoma Humano e os Direitos Humanos
1998 – Criação da Corte Africana de Direitos Humanos
1998 – Estatuto de Roma e criação do Tribunal Penal Internacional
1999 – Protocolo Facultativo da Convenção sobre a Eliminação de Todas as Formas de Discriminação contra a Mulher
1999 – Criação do Comissariado Europeu de Direitos Humanos
1999 – Carta Africana dos Direitos e Bem-Estar das Crianças
1999 – Convenção Interamericana para Eliminação de Todas as Formas de Discriminação contra as Pessoas com Deficiência

Anos 2000

2000 – Protocolo Facultativo da Convenção sobre os Direitos da Criança Relativo à Participação de Crianças em Conflitos Armados
2000 – Declaração do Milênio das Nações Unidas

2000 – Carta de Direitos Fundamentais da União Europeia
2000 – Declaração de Princípios sobre a Liberdade de Expressão da Comissão Interamericana de Direitos Humanos
2001 – Carta Democrática Interamericana
2001 – Conferência Mundial contra o Racismo em Durban
2001 – Declaração e Programa de Ação de Durban
2002 – Protocolo Facultativo Convenção contra a Tortura e Outros Tratamentos Penais Cruéis, Desumanos ou Degradantes
2002 – Protocolo Adicional à Convenção do Conselho da Europa sobre Direitos Humanos e Biomedicina a Respeito do Transplante de Órgãos e Tecidos de Origem Humana
2003 – Protocolo da Carta Africana de Direitos Humanos e dos Povos sobre os Direitos das Mulheres na África
2003 – Protocolo Adicional à Convenção do Conselho da Europa sobre Cibercrime, a Respeito da Criminalização de Atos de Natureza Racista e Xenofóbica Praticados por meio de Sistemas Computacionais
2005 – Convenção do Conselho da Europa sobre Ação contra o Tráfico de Seres Humanos
2005 – Convenção-Quadro do Conselho da Europa sobre o Valor da Herança Cultural para a Sociedade
2006 – Convenção contra o Desaparecimento Forçado
2006 – Criação do Conselho de Direitos Humanos das Nações Unidas
2007 – Declaração dos Direitos das Pessoas Indígenas
2007 – Convenção Internacional dos Direitos das Pessoas com Deficiência
2007 – Convenção do Conselho da Europa sobre a Proteção de Crianças contra a Exploração Sexual e o Abuso Sexual
2007 – Estabelecimento do mecanismo da Revisão Periódica Universal na Organização das Nações Unidas
2008 – Princípios e Boas Práticas para a Proteção das Pessoas Privadas de Liberdade nas Américas

Década de 2010

2011 – Carta Africana sobre Democracia, Eleições e Governança
2011 – Convenção do Conselho da Europa sobre Prevenção e Combate à Violência contra Mulheres e Violência Doméstica
2013 – Convenção Interamericana contra o Racismo, a Discriminação Racial e Formas Correlatas de Intolerância
2015 – Convenção do Conselho da Europa contra o Tráfico de Órgãos Humanos
2018 – Declaração das Nações Unidas sobre o Direito dos Camponeses e Outras Pessoas que Trabalham em Áreas Rurais
2018 – Protocolo da Carta Africana de Direitos Humanos e dos Povos sobre os Direitos das Pessoas Idosas na África
2018 – Protocolo de Emenda à Convenção do Conselho da Europa para Proteção de Indivíduos em relação ao Processamento Automático de Dados Pessoais

Sugestões de leitura

Este manual de Relações Internacionais e direitos humanos é a primeira obra do gênero publicada no país. A sua elaboração reflete, em certa medida, iniciativas semelhantes já desenvolvidas há algum tempo no exterior. O estudo sistematizado dos direitos humanos nas Relações Internacionais é o foco de obras como *Human Rights and International Relations*, de R. J. Vincent, publicada em 1987 pela Cambridge University Press; *Human Rights in International Relations*, de David P. Forsythe, publicada originalmente em 2000 pela Cambridge University Press; *Universal Human Rights in Theory e Practice*, de Jack Donnelly, publicada originalmente em 2003 pela Cornell University Press; *Studying Human Rights*, de Todd Landman, publicada em 2006 pela Routledge; e *The Global Struggle for Human Rights: Universal Principles in World Politics*, de Debra L. Delaet, publicada em 2006 pela Thomson Wadsworth.

No Brasil, as publicações de obras sobre o tema dos direitos humanos, sob a perspectiva das Relações Internacionais, costumam assumir focos mais específicos, com recortes sobre determinados sistemas de proteção, processos ou eventos internacionais. As obras *Sistema interamericano de direitos humanos*, de Olaya Hanashiro, publicada em 2001 pela Edusp; *Tribunal penal internacional: aspectos institucionais, jurisdição e princípio da complementaridade*, de Marrielle Maia, publicada em 2001 pela Del Rey, e *A politização dos direitos humanos*, de Benoni Belli, publicada em 2009 pela Perspectiva, constituem leituras fundamentais quanto à institucionalização, funcionamento e transformação de órgãos internacionais de direitos humanos. Igualmente, os trabalhos *Um acerto de contas com o futuro: a anistia e suas consequências*, de Glenda Mezzarobba, publicado em 2006 pela Humanitas/Fapesp, e a tese laureada pelo prêmio Destaque USP *O sistema interamericano de direitos humanos e a justiça de transição: impactos no Brasil, Colômbia, México e Peru*, defendida em 2015 por Bruno Boti Bernardi, são leituras imprescindíveis para aprofundar o conhecimento a respeito dos processos de justiça de transição no Brasil e em outros países da região latino-americana. Os livros *Os direitos humanos como tema global*, de José Augusto Lindgren Alves, publicado originalmente em 2003 pela Perspectiva, e *A conferência de Viena e a internacionalização dos direitos humanos*, de Matheus de Carvalho Hernandez, publicado em 2014 pela Juruá, ambos sobre a Segunda Conferência Mundial dos Direitos Humanos, são obras de referência para esquadrinhar um dos eventos internacionais mais complexos e definidores dos direitos humanos na agenda internacional. Por fim, a obra *Política de direitos humanos*, organizada por Rossana Rocha Reis, publicada em 2010 pela Hucitec, apresenta os resultados de um esforço bem-sucedido de reflexão sobre os 60 anos da Declaração Universal dos Direitos Humanos, que envolveu a participação de reconhecidos pesquisadores e *practioners* do tema, do Brasil e do exterior, como Flávia Piovesan, Paulo Vanucchi, José Gregori, Kathryn Sikkink, Carrie Booth Wahling, entre outros.

As leituras fundamentais sobre direitos humanos e política internacional encontram-se citadas ao longo deste livro. Contudo, conforme pontuado na Introdução, essa literatura tem se tornado cada dia mais alongada, principalmente considerando-se as publicações de artigos científicos nos periódicos e *journals* de Relações Internacionais. O acompanhamento dos principais veículos de publicação científica da área pode oferecer uma visão sobre as tendências mais atuais no assunto, além de permitir observar a evolução teórica e metodológica dos estudos.

Em periódicos com escopo mais geral da área de Relações Internacionais – como os amplamente reconhecidos *International Organization, International Studies Quarterly, Journal of Conflict Resolution* e, no Brasil, *Revista Brasileira de Política Internacional* e *Contexto Internacional* –, as chaves de busca temática são ferramentas que direcionam os pesquisadores para os artigos específicos em direitos humanos. Existem também periódicos específicos de direitos humanos e política internacional, como *International Journal of Human Rights, Human Rights Quarterly, Human Rights Review, Journal of Human Rights Practice, Sur: Revista Internacional de Direitos Humanos*, e a iniciativa *Open Global Rights*, todos esses fontes de conhecimento científico produzidas sobre o assunto.

A consulta aos websites de organizações internacionais e de organizações não governamentais de direitos humanos constitui também uma fonte pertinente para conhecer estruturas, atividades e resultados de ações internacionais. O website do Escritório do Alto Comissariado das Nações Unidas para os Direitos Humanos mantém notícias atualizadas sobre os direitos humanos ao redor do globo, além de oferecer uma série de publicações, ferramentas e bases de dados para pesquisas. No que diz respeito aos sistemas regionais de direitos humanos, o website da Comissão Interamericana de Direitos Humanos, na versão em espanhol, é o que oferece mais recursos para o usuário interessado em acompanhar os desdobramentos de direitos humanos na política regional.

Há também websites de iniciativas inovadoras, como as páginas resultados de projetos colaborativos de pesquisa em direitos humanos, como a Inter-American Human Rights System Network (http://interamericanhumanrights.org/) e a Transitional Justice Research

Collaborative (https://transitionaljusticedata.com/), que reúnem bibliografias especializadas e acesso às suas bases de dados; além da página da biblioteca de direitos humanos da Universidade de Minnesota (http://hrlibrary.umn.edu/), que garante acesso público a documentos internacionais, ferramentas de pesquisa em direitos humanos e oportunidades acadêmicas e profissionais no campo.

O uso de indicadores de direitos humanos e as análises comparativas globais em direitos humanos têm sido crescentemente incorporados nos ambientes acadêmicos, governamentais, não governamentais e privados. As métricas em direitos humanos servem para documentação e descrição contextual de situações de direitos humanos, monitoramento das obrigações, mapeamento e reconhecimento de padrões de violações de direitos humanos, sendo essenciais para construção de políticas públicas e coorporativas nas empresas, orientação de agendas de *advocacy* e educação e, cada vez mais, para definições na alocação de investimentos, doações, ajuda internacional e assistência ao desenvolvimento por doadores privados, governos e organizações internacionais.

Para analisar as tendências globais em direitos humanos, existem diversos conjuntos de dados baseados em medidas-padrão, isto é, em informações sobre direitos humanos nos países que são codificadas em uma escala-padrão ordenando "melhor" e "pior" proteção aos direitos humanos. A padronização das escalas garante comparabilidade na performance de direitos humanos entre os Estados ao longo do tempo. Algumas das medidas-padrão mais conhecidas são: Cingranelli e Richards (www.humanrightsdata.com), Freedom House (www.freedomhouse.org) e Political Terror Scale (http://www.politicalterrorscale.org/).

Outras medidas comuns para mapear os direitos humanos são as estatísticas socioeconômicas e administrativas, isto é, as estatísticas oficiais dos Estados, periodicamente reportadas aos organismos internacionais. Com base nesses dados, os Estados são comparados quanto ao desenvolvimento humano por métricas definidas pelas organizações internacionais, como o Índice de Desenvolvimento Humano (IDH) desenvolvido pelo Programa das Nações Unidas para o Desenvolvimento (PNUD) e, mais recentemente, o Índice de Desenvolvimento Humano Ajustado à Desigualdade (IDHAD) e o Índice de Desigualdade de Gênero, ajustado para as desigualdades de gênero. Nas Nações Unidas, o Escritório do Alto Comissariado para os Direitos Humanos liderou o desenvolvimento de uma estrutura de indicadores de direitos humanos para implantar indicadores estatísticos apropriados à promoção dos direitos humanos. A seção de Indicadores de Direitos Humanos no website do órgão (https://www.ohchr.org/en/issues/indicators/pages/hrindicatorsindex.aspx) contém uma série de documentos, informações e publicações sobre o assunto. Para entender como aplicar métricas aos direitos humanos, sugerimos a leitura de Todd Landman e Edzia Carvalho, *Measuring Human Rights*, publicado em 2010 pela Routledge, e o guia *Human Rights Indicators: a Guide to Measurement and Implementation*, publicado em 2012 pelo Escritório do Alto Comissariado das Nações Unidas para os Direitos Humanos.

Por fim, em um mundo em que as comunicações são cada vez mais rápidas e frequentes, dado o advento da internet rápida e da emergência das plataformas e mídias sociais, as estratégias de comunicação e apresentação de dados com maior apelo visual têm sido mais exitosas em atrair atenção para as causas de direitos humanos. Os mapas interativos, infográficos, depoimentos, fotografias e vídeos são recursos úteis para difundir informações, promover ampla conscientização, dar novos enquadramentos a problemas persistentes e informar a opinião pública. Boas fontes de recursos para inspirar programas de comunicação, baseados em dados estatísticos e com perfil gráfico visual, são as iniciativas Our World in Data (https://ourworldindata.org); WorldMapper (https://worldmapper.org) e GapMinder (https://www.gapminder.org).

Bibliografia

ARENDT, H. *Origens do totalitarismo*: antissemitismo, imperialismo, totalitarismo. São Paulo: Companhia das Letras, 2013.
BARNETT, M. Human Rights, Humanitarianism and the Practices of Humanity. *International Theory*, n. 10, v. 3, pp. 314-349, 2018.
BOBBIO, Norberto. *A era dos direitos*. Rio de Janeiro: Elsevier, 2004.
BURKE, R. *Decolonization and the Evolution of International Human Rights*. Pennsylvania: University of Pennsylvania Press, 2013.
COMPARATO, A. K. *Afirmação histórica dos direitos humanos*. São Paulo: Saraiva, 2019.
CZEMPIEL, E.; ROSENAU, J. N. *Governance without Government*: Order and Change in World Politics. Cambridge: Cambridge University Press, 1992.
DELLA PORTA, D.; TARROW, S. *Transnational Protest and Global Activism*: People, Passions and Power. Oxford: Rowmand&Littlefiel Publishers, 2005.
DEMBOUR, M. What Are Human Rights? Four Schools of Thought. *Human Rights Quarterly*, n. 32, v. 1, pp. 1-20, 2010.
HADDAD, H. N. *The Hidden Hands of Justice*: NGOs, Human Rights and International Courts. Cambridge: Cambridge University Press, 2018.
HAFNER-BURTON, Emilie M.; TSUTSUI, Kiyoteru. Human Rights in a Globalizing World: The Paradox of Empty Promises. *American Journal of Sociology*, v. 110, n. 5, pp. 1373-1411, 2005.
HATHAWAY, O. A. Do Human Rights Make a Difference? *Yale Law Journal*. v. 111, p. 1935-2042, 2002.
ISHAY, M. *The History of Human Rights:* from Ancient Times to the Globalization Era. Los Angeles: University of California Press, 2004.
KECK, M.; SIKKINK, K. *Activists Beyond Borders*: Advocacy Networks in International Politics. Ithaca: Cornell University Press, 1998.
KRASNER, S. *Sovereignty*: Organized Hypocrisy. Princeton: Princeton University Press, 1999.
LANDMAN, Todd; CARVALHO, Edzia. *Measuring Human Rights*. New York: Routledge, 2010.
LINDGREN ALVES, J. A. *Os direitos humanos como tema global*. São Paulo: Perspectiva, 2015 [2003].

MORAVCSIK, A. The Origins of Human Rights Regimes: Democratic Delegation in Postwar Europe. *International Organization*, v. 54, n. 2, pp. 217-252, 2000.

MORSINK, J. *The Universal Declaration of Human Rights*: Origins, Draft and Intent. Philadelphia: University of Pennsylvania Press, 1999.

MOYN, S. *The Last Utopia:* Human Rights in History. Cambridge: Harvard University Press, 2010.

NEUMAYER, E. Do International Human Rights Treaties Improve Respect for Human Rights? *The Journal of Conflict Resolution*, v. 49, n. 6, pp. 925-953, 2005.

RAMOS, A. C. *Teoria geral dos direitos humanos na ordem internacional*. São Paulo: Saraiva, 2019.

RISSE, T.; ROPP, S.; SIKKINK, K. *The Power of Human Rights:* International Norms and Domestic Change. Cambridge: Cambridge University Press, 1999.

_____; _____; _____. *The Persistent Power of Human Rights:* from Commitment to Compliance. Cambridge: Cambridge University Press, 2013.

SCHMITZ, Hans Peter; SIKKINK, Kathryn. International Human Rights. In: Carlsnaes, Walter; Risse, Thomas; Simmons, Beth A. (eds.). *Handbook of International Relations*. London: SAGE Publications, 2002, pp. 517-537.

SIKKINK, K. *The Justice Cascade*: How Human Rights Prosecutions are Changing World Politics. New York: W.W. Norton & Company, 2011.

_____. *Evidence for Hope*: Making Human Rights Work in the 21st Century. Princeton: Princeton University Press, 2017.

_____. *The Hidden Face of Rights*: Towards a Politics of Responsibilities. New Haven: Yale University Press, 2020.

SIMMONS, B. *Mobilizing for Human Rights*: International Law in Domestic Politics. Cambridge: Cambridge University Press, 2009.

TEITEL, R. *Humanity's Law*. New York: Oxford University Press, 2013.

A autora

Isabela Garbin é professora de Relações Internacionais da Universidade Federal de Uberlândia e do Programa de Pós-Graduação em Relações Internacionais da mesma instituição. Doutora em Relações Internacionais pela Universidade de São Paulo, foi pesquisadora visitante da Universidade de Harvard, Estados Unidos, onde também realizou estudos pós-doutorais.

GRÁFICA PAYM
Tel. [11] 4392-3344
paym@graficapaym.com.br